Escuchando a Jesús en medio de tu dolor

NANCY GUTHRIE

autora de *Aferrándose a la Esperanza*

Tyndale House Publishers
Carol Stream, Illinois, EE. UU.

Visite Tyndale en Internet: TyndaleEspanol.com y BibliaNTV.com.

Visite el sitio web de Nancy Guthrie en NancyGuthrie.com.

Tyndale y el logotipo de la pluma son marcas registradas de Tyndale House Ministries.

Escuchando a Jesús en medio de tu dolor

© 2023 por Nancy Guthrie. Todos los derechos reservados.

Originalmente publicado en inglés en el 2009 como *Hearing Jesus Speak into Your Sorrow* por Tyndale House Publishers, Inc. con ISBN 978-1-4143-2548-4.

Fotografía de la banca en la portada © por Noah Silliman/Unsplash.com. Todos los derechos reservados.

Diseño: Dean Renninger

Edición en inglés: Stephanie Rische

Traducción al español: Virginia Powell

Edición en español: Ayelén Horwitz para AdrianaPowellTraducciones

Las citas bíblicas sin otra indicación han sido tomadas de la *Santa Biblia*, Nueva Traducción Viviente, © Tyndale House Foundation, 2010. Todos los derechos reservados.

Las citas bíblicas indicadas con NVI han sido tomadas de la Santa Biblia, Nueva Versión Internacional,® NVI® © 1999, 2015 por Biblica, Inc.® Usada con permiso de Biblica, Inc. Todos los derechos reservados en el mundo.

Las citas bíblicas indicadas con RVA-2015 han sido tomadas de la versión Reina Valera Actualizada © 2015 por Editorial Mundo Hispano. Usada con permiso.

Para información acerca de descuentos especiales para compras al por mayor, por favor contacte a Tyndale House Publishers a través de espanol@tyndale.com.

Library of Congress Cataloging-in-Publication Data

ISBN 978-1-4964-8627-1

Impreso en Estados Unidos de América
Printed in the United States of America

29   28   27   26   25   24   23
7   6   5   4   3   2   1

DEDICATORIA

Ninguno de nosotros necesita buscar mucho
para encontrar personas amadas que están
sufriendo profundamente,
y yo no soy la excepción.
Dedico con amor este libro
a mis amigos y a mi familia
que viven con el dolor de
la infidelidad, la infertilidad,
el rechazo de la pareja, la rebeldía de los hijos,
la parálisis, el desorden bipolar, el suicidio,
la depresión, la demencia, la discapacidad
en el aprendizaje, la muerte,
el miedo por las finanzas, la pérdida de la
reputación, un matrimonio difícil,
una soltería no deseada, un fracaso vergonzoso,
un conflicto continuado, una persistente soledad.

Sepan que comparto su sufrimiento,
y que estoy junto a ustedes
escuchando a Jesús cuando nos habla.

CONTENIDO

Así que presten atención a cómo oyen. A los que escuchan
mis enseñanzas se les dará más entendimiento.

—JESÚS (LUCAS 8:18)

Introducción

Se acerca un cumpleaños significativo en mi familia, y me hallo pensando en eso a menudo. Cuando lo hago, siento que se me forma un nudo en la garganta y comienzan a brotarme las lágrimas.

Pronto llegará el día, en que nuestra hija, Hope, cumpliría diez años. De alguna manera diez parece significativo, más que nueve u ocho y algunos de los otros números que han pasado sin mucho reconocimiento.

La vida de nuestra hija estuvo marcada por días más que por años: vivió 199 días. En otras palabras, mucho menos que los suficientes según mi cálculo. Y cuando trato de imaginar lo que hubiera sido su décimo cumpleaños, también estoy anticipando el día que llega 199 días después, el día que marcará una década desde la última vez que la sostuve y la vi: se siente como un abismo que no deja de crecer a medida que los años me alejan de ella, aunque me acerquen a ella.

Sinceramente, no había conocido mucho dolor en mi vida antes de que Hope me lo presentara. Y se podría pensar que, al amarla y perderla, tanto mi esposo David, mi hijo Matt y yo, habíamos recibido nuestra dosis completa. Pero solo dos años y medio después, enterramos a su hermano Gabriel, que nació con el mismo desorden metabólico fatal que su hermana y vivió apenas 183 días.

No recuerdo los detalles de lo que dijo nuestro pastor cuando nos paramos junto a la tumba donde Hope y Gabe están enterrados lado a lado, pero recuerdo que lo que dijo en realidad me llegó. En el servicio junto a la tumba de Hope, dijo algo como: «Este es el momento en el que nos preguntamos: "¿El evangelio es en realidad verdad?"». Mientras él hablaba, hubo un profundo *Sí* en mi interior porque había estado pensando mucho en esta pregunta a lo largo de los meses que llevaron a ese día tan difícil. Y recuerdo un pasaje en particular que leyó y que me dio alivio escuchar porque era un eco de mi desesperación y mi descubrimiento.

Está en Juan 6, donde Juan registra que muchos de los seguidores de Jesús se habían alejado y lo habían abandonado porque algunas de sus enseñanzas eran demasiado difíciles de aceptar. Estaban ofendidos por lo que Jesús decía, de manera que sencillamente lo dejaron y se fueron. Jesús no había cumplido sus expectativas inmediatas y parecía esperar de ellos más de lo que ellos estaban dispuestos a dar. Estaban mucho más interesados en lo que podían obtener de Jesús que en Jesús mismo. Y cuando Jesús dejó en claro que lo que quería ofrecerles era más de él mismo, sencillamente, perdieron interés. En ese momento, mientras la multitud que lo había estado siguiendo comenzaba a disolverse, Jesús se volteó hacia sus doce discípulos y les preguntó: «¿Ustedes también van a marcharse?».

Intento imaginar el drama y la emoción de ese momento cuando Jesús expresó en voz alta lo que probablemente todos estaban pensando, cuando llamó a los más cercanos a él a tomar una decisión. Simón Pedro habló por todo el grupo, y le dijo a Jesús: «Señor, ¿a quién iríamos? Tú tienes las palabras que dan vida eterna» (versículo 68).

A medida que mi pastor leía las Escrituras, pude identificarme con aquellos en la historia a los que les costó entender y aceptar algunas de las palabras de Jesús y, sencillamente, lo abandonaron. A lo mejor tú también puedes identificarte, por haber luchado para conciliar tu propia realidad difícil con tu comprensión de lo que leíste en la Biblia y tus expectativas de cómo se preocupa Dios por aquellos que ama.

La pregunta de Jesús quedó en el aire, no solo en aquel escenario antiguo, sino también entre él y yo. «¿Ustedes también van a marcharse?». Escuché a Jesús hablándome a mí, llamándome al compromiso de confiar en él en medio de esa pena desgarradora.

Y percibí la desesperación casi resignada en la respuesta de Pedro a Jesús cuando dijo, en esencia: «¿A dónde iríamos? ¿A quién más recurriríamos? Eres el único a quien podemos ir porque tienes el poder de dar vida con solo hablar». Recuerdo haber pensado que mi única esperanza de volver a ver a Hope alguna vez era lo que el evangelio nos dice sobre cómo encontrar la vida que va más allá de la tumba. No tener esa esperanza a la que aferrarme hubiera sido un sufrimiento insoportable.

También sabía que Jesús era mi única esperanza de regresarme a la vida porque sentía que la vida se me estaba extinguiendo de tanto dolor.

En tiempos de sufrimiento y desilusión, todo lo que creemos puede ser puesto en duda ¿verdad? Sin embargo, si nos alejamos de Dios, en realidad no hay otro lugar a donde ir en búsqueda de sentido y de paz. Cualquier lugar fuera de él es irremediablemente oscuro y vacío.

No sé qué ha producido sufrimiento en tu vida. A lo mejor tú también has estado junto a una tumba para decir adiós. O tal vez has debido enterrar tus sueños de un futuro con alguien amado o tus planes de hacer algo que has anhelado hacer. A lo mejor las circunstancias te han obligado a abandonar un puesto de trabajo para el que pensabas estar hecho o a aceptar un problema financiero atemorizador o una condición médica dolorosa. A lo mejor estás viviendo con una tristeza permanente por un hijo o hija que se ha alejado de ti o de la fe. Tal vez vives arrepentido por el pesar que te han traído a tu vida tus propias malas decisiones o, a lo mejor, vives con resentimiento por algo que otra persona te ha hecho. Cualquiera sea la fuente de tu tristeza, me pregunto si estarías dispuesto a pasar algunas horas en quietud escuchando conmigo lo que Jesús te dice.

El que tiene oídos para oír, que escuche y entienda

Durante los últimos diez años he descubierto que Jesús tiene algunas cosas significativas que decirnos a los que estamos sufriendo. Pero incluso mientras escribo esto, tengo miedo de que se me malinterprete. Tengo miedo de que se piense que voy a repasar las palabras que Jesús dijo en los evangelios y escoger solo las partes que suenan tranquilizadoras o consoladoras para nuestros oídos modernos. No es así. Quiero escuchar todo lo que Jesús tiene que decirme, y creo que tú también. Así como quiero abrazar su promesa esperanzadora de «Voy a prepararles un lugar»

(Juan 14:2, NVI), también quiero aceptar su promesa de «Aquí en el mundo tendrán muchas pruebas y tristezas; pero anímense, porque yo he vencido al mundo» (Juan 16:33), la cual es más difícil de escuchar. Y así como quiero obedecer su mandato de «Confíen en Dios y confíen también en mí» (Juan 14:1), también quiero abrazar su llamado a «Ama[r] al SEÑOR tu Dios con todo tu corazón, con toda tu alma y con toda tu mente» (Mateo 22:37), el cual a menudo me resulta un desafío.

Queremos el cuadro completo y una comprensión más profunda que nos dé claridad además de consuelo. Queremos recibir la corrección necesaria y responder con arrepentimiento a una convicción incómoda. Solo la verdad completa puede lograr eso. Queremos escuchar lo que está diciendo Jesús, que trae una esperanza sólida a la que aferrarnos, incluso —y a lo mejor especialmente— en lo que es difícil de entender o simplemente difícil de escuchar en lo que dice Jesús.

Cuando te digo que vamos a escuchar atentamente las palabras de Jesús, también temo que pienses que estoy sugiriendo que las palabras y enseñanzas de Jesús tienen más autoridad o importancia que otras partes de la Biblia. Quiero que quede en claro que eso no es lo que estoy diciendo. Sabemos que toda la Escritura es «inspirada por Dios» (2 Timoteo 3:16, NVI) y que el mismo Jesús les dio a toda las Escrituras la misma y final autoridad (Mateo 5:17-18; Lucas 16:17; Juan 10:35) como la Palabra de Dios mismo. Jesús a menudo les respondía a sus detractores diciendo: «¿No han leído en las Escrituras?» o bien «Las Escrituras dicen», lo cual dejaba en claro que consideraba a las Escrituras como la autoridad final.

Aquellos que nos hallamos en un momento de profunda

tristeza y dolor podemos encontrar un consuelo y una claridad únicas en las palabras de Jesús, que en el pasado hemos leído por encima, palabras con las que estamos tan familiarizados que tienen poco significado para nosotros. Necesitamos ir debajo de la superficie en busca de las verdades más profundas que Jesús nos está diciendo y de sus consecuencias. Reconocemos que podemos haber estado escuchándolo hablar a través de cierto filtro que ha retorcido, aplicado mal o distorsionado completamente lo que Jesús dijo en su vida y su ministerio, y queremos estar abiertos a que nuestra perspectiva sea completamente remodelada.

Eso es lo que haremos en este libro. Procuraremos tener oídos que escuchen de manera renovada once afirmaciones que hizo Jesús. Francamente, he escogido muchas de esas afirmaciones porque han sido las más desafiantes para mí a la hora de comprenderlas y aplicarlas a mis propias experiencias. Son las que me han llevado a decir: «Simplemente no lo capto» a medida que las leía e intentaba adaptarlas a mi comprensión establecida de la naturaleza y el propósito del ministerio de Jesús. Quiero compartirlas contigo porque vez tras vez descubro que los pasajes de las Escrituras que parecen indiscernibles superficialmente para mí, tienen algunas de las verdades más ricas, que cambian la vida, dan otra perspectiva y brindan esperanza.

Supongo que este libro en realidad es la culminación de mi búsqueda de una comprensión más profunda, la cual ha venido con la perspectiva que dan los años y con más estudio de las Escrituras desde que escribí mi primer libro *Aferrándose a la Esperanza*. Ese libro fue escrito en medio de circunstancias increíbles —mientras estaba embarazada de nuestro hijo Gabriel— y publicado seis meses después de su muerte. Ahora, al escribir después de muchos años de andar en el camino de este viaje de dolor, mi forma de pensar no ha cambiado; sin embargo, espero que se haya profundizado y desarrollado. Sigo aferrada a la esperanza, pero con más firmeza y con una comprensión más clara de la naturaleza de esa esperanza.

Palabras de verdadero consuelo

Jesús dijo que debíamos escuchar atentamente sus palabras. «Presten mucha atención a lo que oyen» dijo. «Cuanto más atentamente escuchen, tanto más entendimiento les será dado, y se les dará aún más. A los que escuchan mis enseñanzas se les dará más entendimiento, pero a los que no escuchan, se les quitará aun lo poco que entiendan» (Marcos 4:24-25).

De manera que debo preguntarte, ¿estás dispuesto a escuchar atentamente a Jesús para que él te dé más entendimiento? ¿Abrirás tu corazón y tu mente para escucharlo hablar en medio de tu dolor? Las palabras escritas en las páginas de tu Biblia no son solo diálogos religiosos distantes que no interactúan con tu difícil realidad. Son el mensaje personal de Dios para ti.

Las palabras de Jesús son muy diferentes a las nuestras. Hay vida, hay poder y hay autoridad en cada una de sus palabras. Las palabras de Jesús infunden vida a la muerte, esperanza a la desesperación, verdad al engaño, sentido al sinsentido, paz al pánico. De sus labios recibimos bendición, compasión, compañerismo y mucho más.

Puedes haber descubierto que la mayoría de las personas que te rodean sencillamente no saben qué decirte sobre tu lucha y tu dolor. Pero puedo asegurarte que Jesús sabe perfectamente qué decirles a las personas que tienen el corazón quebrantado. Sabe exactamente lo que necesitamos escuchar porque nos conoce más de lo que nos conocemos nosotros mismos. Y Jesús comprende la medida de nuestro dolor porque él mismo ha sondeado las profundidades del sufrimiento y el dolor. Experimentó el sufrimiento que produce la muerte de alguien muy amado (Mateo 14:12-13; Juan 11:35-36) y el dolor de saber que sus seres queridos tienen el corazón endurecido hacia Dios (Lucas 19:41). Sufrió el rechazo y el ridículo por parte de su propia familia (Juan 7:5), la falta de vivienda (Mateo 8:20), la tentación (Mateo 4:1-11) y, por supuesto, la cruel agonía de la crucifixión. Jesús tiene los recursos de la compasión y la sabiduría que nadie más tiene. Es a él a quien debemos escuchar cuando la vida en este mundo ha roto nuestro corazón.

Afortunadamente Jesús quiere hablarnos en nuestro dolor. No lo intimidan la incomodidad ni las preguntas difíciles. Se interesa por las personas que tienen el corazón quebrantado. Sabe que no estamos interesados en respuestas trilladas ni en las frases hechas de la cortesía, el sentimentalismo o la religiosidad. Sabe que tenemos una necesidad desesperante de la vida y la esperanza que provienen de la verdad.

De manera que dispongámonos a escuchar lo que Jesús tiene que decir, desde su propia agonía a la nuestra.

Capítulo 1

ESCUCHA A JESÚS DICIENDO:
Yo también he conocido el dolor insoportable

«Mi alma está destrozada de tanta tristeza, hasta el punto de la muerte. Quédense aquí y velen conmigo». MATEO 26:38

Jesús comprende el peso aplastante
y la soledad atroz del dolor.

He oído a Jesús hablándome desde que tengo memoria.

Cuando era pequeña y crecía en la iglesia, escuché a Jesús, el pastor de la oveja perdida, llamándome al rebaño. Recuerdo estar sentada en la oficina del pastor y que él me preguntara si entendía lo que significaba estar perdida. Me figuraba a mí misma perdida en el bosque o en un centro comercial. Probablemente eso no era exactamente lo que él tenía en mente.

Pero llegó el día en el cual sí comprendí, al menos en la medida que un niño puede comprender, porque todavía ahora me pregunto si en realidad comprendo lo perdida que estaba cuando Jesús me encontró y me dio la fe para confiar en él. Escuché su voz claramente, llamándome hacia él, a la seguridad y la alegría de su redil. Escuchar su voz me permitió decir: «El Señor es mi pastor» (Salmo 23:1). Al hablarme dio vida a una niña de ocho años espiritualmente muerta y volví a vivir para Jesús, el Salvador de mi alma.

Pero como muchos niños que crecieron en la iglesia y toman tempranamente «la decisión de seguir a Jesús», llegué a un punto crítico en la adolescencia. Sabía que tenía que decidir si iba a someterme a la autoridad de Jesús en mi vida, no solo los domingos, sino toda la semana, y a lo largo de mi vida. Escuché que Jesús me decía que ser el Salvador de mi alma significaba ser el Rey de mi corazón. ¡Ay! Cuánto anhelaba ponerlo a cargo, pero a menudo dudaba de que pudiera confiar en él.

Cuando partí a la universidad para comenzar mi carrera, Jesús, la Fuente de la verdad, comenzó a modelar mi pensamiento, a desafiar mis suposiciones, a inquietar mi conciencia y a exponer mis creencias falsas. Pero rara vez me encendía el corazón o despertaba mi pasión. Me sentía seca y desilusionada, muy ocupada en cosas para él, pero a menudo muy lejos de él. Hubo momentos en que no sabía cómo reiniciar la conversación, y no estaba segura de que él tuviera interés en escucharme o de si yo sabría cómo reconocer su voz.

Fue entonces, con un sentido de desesperación, que me comprometí a escucharlo leyendo y estudiando su Palabra día tras día. Jesús, la Palabra de vida, irrumpió en mi actividad religiosa y conocimiento bíblico acumulado y comenzó a hacerme ver mis errores y a cambiarme. Me enamoré de escuchar su voz por medio de su Palabra y desarrollé un apetito insaciable de ella, a tal punto que a menudo me preguntaba si él me estaba preparando para algo.

Y entonces lo descubrí. Llegó el día en que necesité escuchar la voz de Jesús de una manera que nunca antes lo había hecho. Al enfrentar la agonía de perder a mi hija, necesitaba saber que él entendía el profundo dolor en el que estaba sumida. Allí fue cuando escuché a Jesús hablándome como el Hombre de dolores, como alguien que ha sufrido, como alguien que sabe lo que se siente estar aplastado por el dolor al punto tal que te exprime la vida.

Muchas de las otras maneras en las que había oído a Jesús hablándome —como el pastor de la oveja perdida, el Salvador de mi alma, el Rey de mi corazón, la Fuente de la verdad y la Palabra de vida— tenían que ver con escuchar lo que Jesús podía hacer para ayudarme. Pero en ese momento difícil de dolor, escuchar a Jesús tenía menos que ver con lo que él podía hacer por mí y más con la camaradería que él podía compartir conmigo. Las palabras de Jesús me decían que era seguro pasar tiempo con él en mi tristeza.

Allí fue cuando escuché a Jesús hablándome como el Hombre de dolores, como alguien que ha sufrido, como alguien que sabe lo que se siente estar aplastado por el dolor al punto tal que te exprime la vida.

Comprendí que mi dolor me daba la oportunidad de conocerlo en una profundidad que antes no había experimentado, de una manera en la que no lo hubiera podido conocer si no hubiera pasado yo misma por ese profundo dolor.

Escuchar a Jesús, el Hombre de dolores hablándome, me reveló algo sobre su carácter, su experiencia, su conducta. Me reveló algo sobre su corazón.

Jesús tiene un corazón que ha sido roto.

Jesús, el Hombre de dolores, se acerca a quienes estamos sufriendo y nos habla como alguien cuyo corazón también ha sido roto y nos llama a ir a él.

Escuchemos a Jesús expresar su propia tristeza profunda

Un par de años después de la muerte de mi hija, Hope, en los días que esperaba el nacimiento de mi hijo Gabriel, leí estas palabras de Jesús, expresadas en el jardín del Getsemaní la noche en que fue arrestado.

> *Luego fue Jesús con sus discípulos a un lugar llamado Getsemaní, y les dijo: «Siéntense aquí mientras voy más allá a orar». Se llevó a Pedro y a los dos hijos de Zebedeo, y comenzó a sentirse triste y angustiado. «Es tal la angustia que me invade, que me siento morir —les dijo—. Quédense aquí y manténganse despiertos conmigo».*
>
> MATEO 26:36-38, NVI

Ese día en abril del 2001 escribí una nota en mi Biblia: «Jesús entiende lo que se siente al estar abrumado por el dolor». Qué alivio fue saber que Jesús entiende lo que significa sentir que el dolor le está quitando a uno la vida. Jesús entiende el nudo en la garganta, la angustia en el pecho, el malestar en el estómago.

Su angustia era tan intensa que tuvo una reacción física. Lucas escribe que estaba en tal agonía de espíritu que su sudor caía a tierra como «grandes gotas de sangre» (Lucas 22:44). Su agonía era tan intensa que la sangre presionó los capilares y terminó por romperlos, tiñendo la transpiración y agrandando las gotas que caían a la tierra.

A veces, en la desesperación que nos causa un profundo dolor, comenzamos a sentir que nadie entre quienes nos rodean ha sufrido como estamos sufriendo, que «nadie comprende» en realidad lo difícil que resulta hacer hasta las tareas más pequeñas esos días.

Pero Jesús sí comprende. Jesús no es una deidad distante que no sabe nada sobre el dolor de la desilusión y de la muerte. Lo sabe de primera mano. Él entiende. Hebreos 2:18 dice: «Por haber sufrido él mismo la tentación, puede socorrer a los que son tentados» (NVI).

Escucha las palabras de Jesús: «Es tal la angustia que me invade, que me siento morir» y deja que te acerquen a él.

¿Alguna vez has anhelado estar más cerca de Jesús? Sé que no hubieras elegido este camino para llegar a eso. Quisiéramos estar cerca de Jesús con una oración, asistiendo a un estudio bíblico, leyendo un libro o de alguna otra manera conveniente y controlable. Pero la verdad es que solo a través de nuestro propio dolor podemos acercarnos al Hombre de dolores.

Es en nuestro sufrimiento que en realidad podemos comenzar a identificarnos con el suyo. Finalmente podemos experimentar una pequeña muestra de lo que Jesús estuvo dispuesto a soportar por amor a nosotros. Este es el conocimiento profundo que la mayoría de nosotros expresamos desear, aunque nunca imaginamos que nos costaría tanto.

Es el tipo de conocimiento que Pablo quería cuando dijo: «Quiero conocer a Cristo y experimentar el gran poder que lo

Ha estado allí antes que nosotros y que tiene cosas sobre sí mismo para revelarnos en ese momento difícil, cosas que no hubiéramos estado preparados para escuchar y aprender sin el sufrimiento.

levantó de los muertos. ¡Quiero sufrir con él y participar de su muerte, para poder experimentar, de una u otra manera, la resurrección de los muertos!» (Filipenses 3:10-11). Pablo reconoció que todos sus sufrimientos —ser encarcelado, apedreado, amenazado, rechazado, criticado, tener que naufragar, pasar frío y hambre— le permitieron experimentar una relación especial con Jesús. Le dieron acceso a una camaradería sagrada, la camaradería de las personas que han compartido el sufrimiento de Jesús.

Cuando escuchamos a Jesús hablarle a nuestro dolor, escuchamos su confirmación de que ha estado allí antes que nosotros y que tiene cosas sobre sí mismo para revelarnos en ese momento difícil, cosas que no hubiéramos estado preparados para escuchar y aprender sin el sufrimiento. Escuchamos su promesa de realizar con nosotros ese difícil viaje, proveyendo compañerismo y compasión.

Escucha a Jesús expresar su dolorosa soledad

Cuando escuchamos con atención las palabras que pronunció Jesús en agonía en el huerto, descubrimos que Jesús no solo se relaciona con el dolor de nuestro sufrimiento. También entiende la soledad de ese momento. Sabe lo que es estar en el punto más álgido de la soledad. Sabe lo que se siente estar en el momento más crítico de la vida y descubrir que algunos de los que pensabas que estarían allí contigo no lo están.

Ahí estaba Jesús, inclinado sobre la tierra, orando y pidiéndole a Dios que le evitara ese castigo abrumador por el pecado que estaba a punto de caer sobre él. Jesús, que jamás había cometido un pecado, estaba a punto de *hacerse* pecado.

Incluso cuando desde la fundación del mundo su plan había sido entregarse en sacrificio por el pecado, Jesús estaba ahora frente al precipicio, mirando la cavernosa oscuridad de la muerte misma. Y estaba solo. Desesperadamente solo.

Agotado por la intensidad de su clamor a Dios, descubrió que sus amigos más cercanos no estaban orando, como les había pedido, sino durmiendo, al parecer ajenos a la batalla que se libraba en su cuerpo y en su alma.

Escucha atentamente lo que dice Jesús. Intenta escuchar el tono de su voz:

> *¿No pudieron velar conmigo ni siquiera una hora?*
> MATEO 26:40

¿Oyes la humanidad de su voz? ¿La soledad?

Además de la traición por la que sufría Jesús, la humillación que anticipaba y el agotamiento físico por el que estaba pasando, Jesús estaba experimentando la soledad de tener amigos que no estaban con él cuando más los necesitaba.

¿Hubo amigos que pensaste que estarían ahí cuando las cosas se pusieran difíciles? ¿Y has descubierto que algunos de esos amigos han desaparecido? Ellos no lo ven. No pueden manejarlo. Quieren que lo superes rápido.

Encuentra consuelo en la compañía de aquel que comprende lo que significa estar totalmente solo. «Fue despreciado y rechazado: hombre de dolores, conocedor del dolor más profundo. Nosotros le dimos la espalda y desviamos la mirada; fue despreciado, y no nos importó» (Isaías 53:3).

Cuando sientas que nadie te comprende, escucha las palabras de Jesús y encuentra consuelo. Él también ha pasado por eso.

Cuando sientas que todo el mundo te ha abandonado y a nadie le importa la angustia de tu alma, escucha las palabras de Jesús y halla compañerismo. Escúchalo llamándote a una relación con él más profunda y real de la que jamás hayas tenido.

Él también ha estado agobiado por el sufrimiento. Te encontrará en este momento de dolor y te hablará, haciéndote saber que nunca estarás solo.

Recordándote que está contigo

✣

SÉ QUE ESTA SITUACIÓN que estás atravesando puede hacer que te preguntes si Dios, nuestro Padre, te ha abandonado, si te ha dejado solo. Pero puedes estar seguro de que jamás te dejará ni te abandonará. Cualquier cosa que pueda interponerse entre tú y el Padre fue puesto sobre mí cuando pendí de la cruz. Fue en ese momento que Dios me dio la espalda, pero solo para que nunca tuviera que dártela a ti. Me abandonó ese día para poder abrirte los brazos a ti para siempre. Y nunca te abandonará.

Aunque a lo mejor a veces te *sientas* solo, tus sentimientos son solo una parte de la historia. No estás solo. Yo siempre estoy contigo, en toda situación y en todo momento. En tus experiencias más sombrías y adversas, estoy ahí a tu lado. Cuando todos los demás se alejan, yo sigo contigo. No debes tener temor.

Mi Espíritu Santo está en ti y contigo. Es quien te ayuda a escuchar mi voz y a entenderla. Es el Consejero, que te muestra lo que es verdadero y lo que es falso, para que puedas abrazar la verdad de quién soy y de lo que te ofrezco. Es el Defensor que transforma las palabras de la Biblia en algo poderoso y personal que puede penetrar tu alma y cambiar tu corazón. Es el Consolador que calma tus pensamientos afligidos y con susurros te habla de mi amor.

Cada vez que te sientas solo, recuerda que vine para vivir junto ti, estoy aquí contigo, incluso ahora, y nunca te dejaré.

Adaptado de Marcos 6:50, 15:33-34; Mateo 28:20; Juan 1:14; 14:16-26; 16:13-15

CAPÍTULO 2

ESCUCHA A JESÚS DICIENDO:
Yo también he oído a Dios decirme que no

«¡Padre mío! Si es posible, que pase de mí esta copa
de sufrimiento. Sin embargo, quiero que se
haga tu voluntad, no la mía». MATEO 26:39

Jesús nos muestra qué hacer cuando
Dios no nos da lo que deseamos.

Durante los seis meses que tuvimos a Hope, varias personas nos dieron libros para leer. Uno de los primeros fue el que una enfermera del hospital nos dio antes de que lleváramos a Hope a casa. Lo había escrito una mujer cuyo hijo se había ahogado. Lo leí ávidamente en la habitación del hospital, buscando entender lo que podía esperarnos con la pérdida de una hija. También compré algunos libros yo misma, algunos teológicos, otros prácticos y algunos con relatos de pérdidas con los que podía identificarme. En el doloroso vacío de la semana posterior a la muerte de Hope, saqué la pila no leída y comencé a leer algunos de ellos, subrayando partes que me resultaban especialmente significativas. Recuerdo haberme topado en uno de ellos con una afirmación que decía que

Dios estaba triste junto a mí, y no estaba segura de cómo tomarlo. Parecía una linda idea, un poco sentimental, a lo mejor destinada a que no me enojara con Dios. Pero me costaba encontrarla cierta. Me preguntaba cómo podría Dios estar verdaderamente triste junto a mí si él tenía el poder para hacer que las cosas hubieran resultado de otra manera.

Creo que esta es la pared con la que en algún momento chocamos quienes creemos en la soberanía de Dios. Y cuando sentimos toda su fuerza, duele. Pensamos: *Dios, si eres tan poderoso como para hacer que las cosas fueran diferentes, ¿por qué no lo hiciste? ¿Cómo puedo aceptar tu consuelo y creer que quieres sanar mi corazón roto cuando en realidad podrías haber evitado que experimentara este dolor? Si me hubieras dado lo que anhelaba, ninguno de los dos tendría que estar triste.*

Escuchar lo que Jesús le dijo a Dios cuando él no respondió su pedido como quería nos ayuda a seguir adelante cuando escuchamos que Dios nos dice «no».

Es en este momento de conflicto interior, cuando lo que queremos y creemos que sería mejor parece no coincidir con los planes de Dios, que necesitamos escuchar a Jesús. Y podemos escucharlo si prestamos atención. Porque Jesús se chocó con esta misma pared cuando lo que él quería entraba en conflicto con lo que Dios quería. Escuchar lo que Jesús le dijo a Dios cuando él no respondió su pedido como quería nos ayuda a seguir adelante cuando escuchamos que Dios nos dice «no».

Escucha la súplica desesperada de Jesús

En la etapa más profunda de mi dolor, mientras luchaba por armonizar el poder de Dios con su compasión, me topé con este pasaje, y fue como una puerta abierta en esa pared con la que había chocado:

> *Mientras estuvo aquí en la tierra, Jesús ofreció oraciones*
> *y súplicas con gran clamor y lágrimas al que podía*
> *rescatarlo de la muerte. Y Dios oyó sus oraciones por*
> *la gran reverencia que Jesús le tenía. Aunque era*
> *Hijo de Dios, Jesús aprendió obediencia por las cosas*
> *que sufrió. De ese modo, Dios lo hizo apto para ser el*
> *Sumo Sacerdote perfecto, y Jesús llegó a ser la fuente*
> *de salvación eterna para todos los que lo obedecen.*
>
> HEBREOS 5:7-9

Este pasaje me ayudó de diversas maneras significativas. Primero, cuando leí que Jesús hizo oraciones «con gran clamor y lágrimas» me sentí identificada. Necesitaba llorar mucho. Y me ayudó saber que Jesús entiende lo que se siente, que él también ha sentido la frustración y la desesperación que brota en un gemido de angustia. Segundo, me ayudó saber que Jesús no desestima el sufrimiento y la pena sugiriendo que no importan o que no deberían doler. Él también ha derramado lágrimas ardientes.

La noche antes de ser crucificado, vemos a Jesús clamando «al que podía rescatarlo de la muerte», al que tiene el poder para hacer las cosas de manera diferente, de hacer otro plan, de diseñar otra forma. Y ese es el Dios al que he clamado, el Dios que es lo suficientemente grande y poderoso como para poner en su lugar a las estrellas y orquestar la historia humana, el mismo Dios que es mi Padre y que me ama, el Dios que, me parecía, podría haberles dado a mis hijos cuerpos saludables en lugar de los defectuosos con los que nacieron.

Leer esos versículos de Hebreos 5 me llevó a prestar más atención y a escuchar con más cuidado la oración de Jesús en el Getsemaní cuando enfrentaba la cruz. Necesitaba escuchar su lucha para ver que no estaba sola. Pero más todavía necesitaba escuchar su entrega, que me señaló el camino de la entrega que yo anhelaba seguir en lo profundo de mi ser.

Escucha la lucha de Jesús con el plan de Dios

En los evangelios, la noche en que Jesús fue arrestado, lo encontramos expresando sin pudor su deseo ante su Padre mientras oraba en el huerto de Getsemaní. Estaba diciéndole a Dios lo que quería. Y lo que quería era que hubiera otra manera de satisfacer la justicia de Dios en lugar de tener que ofrecerse a sí mismo como sacrificio por el pecado. No quería tener que experimentar la separación de su Padre que venía como consecuencia de que él mismo se hiciera pecado si había otra manera.

Allí estaba, al borde del precipicio del propósito mismo por el que había dejado el cielo y se había hecho humano. Les había estado advirtiendo a sus discípulos que iría a Jerusalén para ser arrestado y crucificado. Lucas dice: «Jesús salió con determinación hacia Jerusalén» (Lucas 9:51). Jesús estaba decidido no solo a ir a Jerusalén, sino a la cruz. Unos días antes esa semana había dicho: «Ahora mi alma está muy entristecida. ¿Acaso debería orar: "Padre, sálvame de esta hora"? ¡Pero esa es precisamente la razón por la que vine!» (Juan 12:27).

Jesús no fue a la cruz solo porque tenía que hacerlo. Evidentemente también era lo que quería hacer, por lo menos en el panorama completo de las cosas. Y creo entenderlo. En el panorama completo, yo también quiero obedecer a Dios. Quiero que haga su voluntad en mi vida porque creo que él sabe lo que es mejor para mí. Pero es en los detalles donde mis deseos amenazan con llevarme en otra dirección. En esos momentos dolorosos de mi vida, no puedo evitar mirar a Dios y preguntarle: «¿No podría haber otra manera? ¿Es que obedecerte tiene este precio en realidad?».

Eso es lo que preguntaba Jesús en el jardín de Getsemaní mientras miraba la ira ardiente de Dios por el pecado que estaba a punto de tragarlo. Se estaba librando una batalla, la batalla espiritual más significativa de todos los tiempos. Satanás estaba tentando a Jesús a sucumbir a lo que deseaba en la carne —evitar la cruz— en lugar de abrazar lo que deseaba en la profundidad de su corazón: obedecer a su Padre y completar la obra que había venido a hacer.

Satanás estaba haciendo en ese momento lo que siempre hace. Es lo que hizo en el jardín del Edén cuando se les presentó a Adán y a Eva y les dijo, en esencia: «Si Dios te amara en realidad, no te privaría de algo bueno» (Génesis 3). Es lo que le dijo Satanás a Jesús en el desierto cuando sugirió que Jesús convirtiera piedras en pan en lugar de privarse de comida. Y es esencialmente lo que le estaba diciendo a Jesús en el huerto de Getsemaní: «Si tu Padre en realidad te amara, no te pediría que hicieras esto».

Jesús era perfectamente santo, sin embargo, no quería enfrentar la cruz si había otra manera, cualquier otra manera. El teólogo puritano John Owen lo describe así en su comentario de Hebreos: «Cristo no hubiera sido humano si no hubiera experimentado un rechazo extremo por las cosas que estaban por sucederle. [...] Por naturaleza, deseaba la liberación, ya que era humano. No obstante, no lo deseaba absolutamente porque estaba totalmente entregado a la voluntad de Dios».

En una perfección sin pecado, Jesús expresó el anhelo de su corazón ante su Padre, sin disculparse. Lo oímos clamar al Padre, preguntándole si había otra forma, cualquiera fuera, de evitar lo que se venía. Por segunda vez, luego por tercera vez, suplicó por una alternativa al horror del abandono de su Padre. Si hubiera existido tal alternativa, ¿acaso el Padre no la hubiera provisto? Pero la solicitud del Hijo obediente a su amoroso Padre fue recibida con silencio: un «no» tácito de parte de Dios.

Me ayuda saber que Jesús luchó con el plan de Dios para su vida y su muerte, a pesar de que se sometió a él, porque yo también he luchado con el plan de Dios para mi vida aunque mi deseo fuera someterme a él.

Me parece que si hubo alguien que merecía la respuesta afirmativa a sus oraciones era Jesús. Allí estaba, en el huerto de Getsemaní, expresando su pedido reiterado al Padre, pidiéndole que llevara a cabo la salvación de los pecadores de alguna otra manera. Sin embargo, Dios, por medio de su silencio, dijo «no».

Jesús sabe lo que se siente ofrecer a Dios una oración sincera y apasionada y escuchar a Dios decir, en efecto: «Tengo otra cosa en mente. Tengo otro plan. Y ese plan requerirá un sufrimiento intenso de tu parte».

De algún modo, me ayuda saber que Jesús luchó con el plan de Dios para su vida y su muerte, a pesar de que se sometió a él, porque yo también he luchado con el plan de Dios para mi vida aunque mi deseo fuera someterme a él. A lo mejor tú lo hiciste también.

Escucha a Jesús someterse a los propósitos de Dios

Aunque Jesús enfrentó una lucha cuando le expresó a Dios lo que deseaba, estaba decidido respecto a lo que quería por sobre todas las cosas. Jesús dijo: «Quiero que se haga tu voluntad, no la mía» (Mateo 26:39).

Jesús no lo dijo con un espíritu de estoicismo, fatalismo o martirio. Lo dijo con un espíritu de sometimiento. Estaba dispuesto a someter lo que deseaba a aquello que anhelaba más aún. Tenía un anhelo mayor que triunfaba y sofocaba su deseo de evitar sufrir el juicio de Dios. Y era el de cumplir el propósito y el plan de Dios, un deseo alimentado por su confianza en el carácter de Dios y encendido por su experiencia del amor de Dios.

Por lo tanto, se entregó a la bondad de Dios. Pedro escribió que cuando Jesús se sometió a la cruz, dejó «su causa en manos de Dios» (1 Pedro 2:23). La confianza de Jesús en los propósitos de Dios y su plan perfecto puso sus propios deseos en la perspectiva correcta. Y esta es la perspectiva que tú y yo necesitamos para disciplinar nuestros propios deseos carnales. Necesitamos que la confianza en la bondad y la justicia de Dios se imponga de tal manera que nosotros también podamos confiarnos a nuestro Padre sin temor y sin resentimiento.

No queremos volvernos fríos y resentidos con Dios cuando nos dice «no». Queremos seguir en una relación cercana a él, confiados en que si nuestro amoroso Padre nos ha dicho no, no es porque nos está castigando o está siendo cruel con nosotros. Sino que, en realidad, nos está mostrando amor y está haciendo lo que es mejor para nosotros.

Cuando escuchamos a Jesús decirle a su Padre: «Quiero que se haga tu voluntad, no la mía», Jesús nos está hablando del gozo de entregarse. Nos está mostrando que él ya recorrió este camino antes que nosotros. Él también fue tentado a vivir según sus propios deseos y sabe lo que significa resistir a esos deseos con la verdad de las promesas de Dios para que no ganen la batalla.

Esa es la esperanza que encontramos cuando escuchamos a Jesús en nuestra propia situación dolorosa: es posible vencer nuestros deseos para abrirnos camino hacia la entrega a Dios. Vemos que a medida que le expresamos lo que queremos, Dios nos da la gracia necesaria para enfrentar lo que pueda venir. Nosotros también podemos aprender obediencia por medio de nuestro sufrimiento. Nuestro sufrimiento no tiene por qué ser en vano. Puede acercarnos al corazón de Dios a medida que buscamos obedecerle en los momentos difíciles de la vida.

A medida que dejamos de luchar y comenzamos a recibir su Espíritu Santo, descubrimos que, en realidad, él está cambiando nuestros deseos. Comenzamos a disfrutar fuerza interior y descanso, una confianza firme en que sea lo sea que Dios nos pida que soportemos, tendrá un propósito. Comenzamos a creer verdaderamente que el gozo de entregarnos a su voluntad valdrá la pena cualquiera sea el costo.

En realidad, lo que más necesitamos no es oír a Dios decirle «sí» a nuestros pedidos. Lo que necesitamos es ser llenados de una confianza tan profunda en el carácter de nuestro Padre que cuando nos diga «no», sepamos que está haciendo lo que es correcto y bueno para nosotros. Lo que más necesitamos es la fe para confiar en él.

Algunos afirman que una fe fuerte se define por canalizar nuestra energía en pedir a Dios un milagro que nos quitará el sufrimiento y, luego, creer sin ninguna duda que lo cumplirá. Pero la fe no se mide por nuestra habilidad de manipular a Dios para obtener lo que *nosotros* queremos, se mide por nuestra disposición a someternos a lo que *él* quiere.

Hace falta mucha fe para decirle a Dios: «Incluso si no me sanas a mí o a la persona que amo, incluso si no cambias mis circunstancias, incluso si no restauras esta relación, incluso si permites que pierda lo que es más precioso para mí, seguiré amándote y obedeciéndote y pensando que eres bueno. Y creo que tú, como mi Padre amoroso, utilizarás todo en mi vida —incluso las cosas difíciles y dolorosas— para mi bien último y tu gloria eterna porque me amas».

Cuando traemos nuestros deseos y los expresamos frente a nuestro Padre, él nos da el valor que necesitamos para entregarnos, para poder decir junto con Jesús: «Quiero que se haga tu voluntad, no la mía».

Y Dios nos da la gracia necesaria para decirlo, no con dientes apretados, sino con manos abiertas.

Orando por ti

❧

Así COMO ORÉ POR TI CUANDO estaba en la tierra, estoy intercediendo por ti ante el trono de Dios, ahora y para siempre. En tu extrema debilidad y más profunda desesperación, cuando no tienes las palabras o la voluntad para pedir lo que necesitas, mi Espíritu Santo está orando por ti con el tipo de gemido apasionado para el que no hay palabras.

Puedes confiar en que Dios dirá que sí a lo que el Espíritu ore por ti, porque siempre suplica a Dios que cumpla su perfecta voluntad en tu vida. Está obrando en ti por tu bien, derribando las paredes de tu resistencia a la voluntad de Dios.

La respuesta a las oraciones del Espíritu puede no ser lo que pedirías por tu cuenta, pero ¿acaso no quieres que se haga la voluntad de nuestro Padre en tu vida más de lo que quieres conseguir lo que buscas? Recuerda que Dios hará que todo en tu vida obre en conjunto para tu bien último.

Escucho tus oraciones, pidiéndole al Padre que tu camino sea suave y que bendiga tus planes con éxito. Pero tengo que decirte que no es así como yo estoy orando por ti. Te quiero demasiado para eso. Estoy orando para que cuando tus planes se frustren y fallen tus esfuerzos, tu fe no falle. Estoy pidiéndole al Padre que te conceda el buen don que le has pedido: más de mi Espíritu Santo obrando en tu vida interior y en tu carácter.

Oro para que andes en la verdad y cumplas el trabajo que te ha sido encomendado, no para que goces de la gloria, sino para que experimentes el gozo de devolverme la gloria a mí. Estoy orando para que la verdad de mi Palabra te enseñe y te pula, aunque ese pulido pueda ser doloroso, porque sé que tu mayor felicidad vendrá cuando llegues a ser santo como yo soy santo.

Vendrá el día en el que veas y compartas la gloria que he compartido con mi Padre desde la Creación del mundo. Estoy orando para que Dios te purifique y te proteja hasta ese día.

Adaptado de Hebreos 7:25; Romanos 8:26-28; Lucas 11:13; 22:31-32; Juan 1:4; 14:3; 17; 1 Pedro 1:16; 2 Hebreos 13:21; Filipenses 1:6

CAPÍTULO 3

ESCUCHA A JESÚS DICIENDO:
Quiero sanar tu enfermedad más letal

«—Sí quiero —dijo—. ¡Queda sano!».
MARCOS 1:41

Jesús sabe qué es lo que más necesitamos.

David y yo estábamos sentados junto a un destacado pastor y su ayudante en una cena formal comenzando a comer las ensaladas y a hacer las presentaciones. En el centro de las mesas había libros de diversos autores que participaban de la cena, el pastor tomó mi libro y me preguntó de qué trataba.

Esa siempre es una pregunta difícil de responder en forma breve y sencilla porque conduce a la historia de la vida y la muerte de Hope y Gabriel. Cuando llegamos a un corte natural de la historia, sin vacilar, el pastor comenzó a contarnos acerca de una pareja de su iglesia cuyo hijo había sido diagnosticado de problemas físicos importantes. «Ese matrimonio oró en realidad, y su hijo fue sanado milagrosamente» dijo antes de volver a poner la atención en su plato.

Me resultó bastante difícil saber cómo responder. Por supuesto, estábamos muy contentos de que la salud de ese niño se hubiera restaurado. Pero David y yo sentimos que había quedado flotando en el aire la sugerencia de que, si hubiéramos orado más o con más fervor o con más fe, a lo mejor, nuestros niños no hubieran fallecido.

Muchas veces antes y después de esa situación, tuvimos conversaciones con gente que parece sugerir que la sanidad física milagrosa está al alcance de cualquiera que tenga la fe adecuada para acceder a ella.

Quienes no recibimos la sanidad física por la que oramos podemos quedar con la sensación de que o bien nuestra fe es deficiente o Dios es incapaz o Dios no está dispuesto a sanarnos a nosotros o a nuestro ser querido. Y, en cierta manera, una recorrida superficial por los evangelios puede apoyar esa suposición. Vez tras vez vemos que Jesús sana a personas de enfermedades físicas, de manera que no podemos evitar preguntarnos si también hará lo mismo por nosotros.

Seguramente, el leproso que vino a Jesús se preguntó si sería receptor del toque sanador de Jesús. Su enfermedad, a lo mejor, había comenzado con unas pocas manchas dolorosas. Luego las manchas se entumecieron. Pronto su cuerpo se volvió una masa de crecimientos ulcerosos. La piel alrededor de los ojos y las orejas comenzó a arrugársele, perdió los dedos de las manos y de los pies por heridas inadvertidas que no fueron tratadas. Se le cayeron las cejas y las pestañas y el cabello se le puso blanco. Su carne descompuesta seguramente expelía un olor insufrible. Ser leproso en el tiempo de Jesús equivalía a no tener futuro ni esperanzas, a un inexorable deterioro, deformación y desesperación.

Los leprosos tenían prohibido acercarse a los no leprosos por el gran peligro de contagio que representaban, así también, las leyes culturales los aislaban del resto de la sociedad. De manera que este hombre tiene que haber estado profundamente desesperado para arriesgarse a ir a Jesús. O a lo mejor se atrevió a acercarse a Jesús porque no solo veía en él poder para sanar, sino también un corazón tierno para con quienes sufrían.

> *Un hombre con lepra se acercó, se arrodilló ante Jesús y*
> *le suplicó que lo sanara.*
> *—Si tú quieres, puedes sanarme y dejarme limpio*
> *—dijo.*
>
> MARCOS 1:40

En realidad, no le pidió directamente a Jesús que lo sanara. Es como si no hubiera querido ser impertinente. Sabía que Jesús podía sanarlo si quería. Lo que no sabía era si Jesús querría.

Puedo sentirme identificada con eso. A lo mejor, tú también puedes.

Quizás, lo más asombroso en esta interacción es lo que hizo Jesús y no lo que dijo.

> *Movido a compasión,*
> *Jesús extendió la mano y lo tocó.*
>
> MARCOS 1:41

Este leproso solitario tiene que haber estado años anhelando sentir el toque amoroso de otro ser humano. Nadie aparte de algún otro leproso había vuelto jamás a tocarlo; se consideraba muy peligroso, estaba totalmente prohibido. Pero Jesús, sintiendo muy hondo en su interior el dolor que ese leproso sentía día tras día, se acercó y lo tocó.

Con seguridad Jesús podría haber sanado al leproso sin tocarlo. Había sanado a otras personas muchas veces solo con hablar, convocando a la sanidad. Sin embargo, Jesús se acercó y tocó a ese hombre a quien la mayoría de las personas evitaban.

—Sí quiero —dijo—. ¡Queda sano!
Al instante, la lepra desapareció y el hombre quedó sano.
MARCOS 1:41-42

Jesús, ¿quieres?

Todavía se me forma un nudo en la garganta cuando leo las palabras que dijo Jesús a ese leproso que vino a él en busca de sanidad, porque me recuerda cuando me encontré con este relato en los meses siguientes a la muerte de Hope. En mi tristeza, leí este versículo y oí que Jesús decía al leproso «Sí quiero». Pero también oí lo que me pareció el eco en mis oídos: Jesús me estaba diciendo «No quiero». Me dolió imaginar a Jesús negándome el milagro de sanar a mi hija. Sentí que era una fiesta a la que no estaba invitada o un privilegio que no se me otorgaba.

Pero incluso cuando sentí el aguijón del supuesto rechazo, sabía que algo estaba mal en esa escena. Sabía que tenía que descubrir lo que Jesús estaba diciendo en realidad mediante el relato del leproso y los muchos otros milagros de sanidad que había leído en los evangelios. Sabía que si podía llegar a una comprensión más clara de lo que Jesús estaba queriendo decir por medio de ellos, entendería qué podía esperar de él aquí y ahora.

De manera que comencé a leer sobre los milagros del ministerio de Jesús y a compararlos entre sí considerando el papel que jugaba la fe en cada caso, observando los diferentes métodos que Jesús usó para sanar y buscando la lección o el propósito que parecía tener en cada caso.

Primero, se hizo evidente para mí que Jesús no sanó en todos los casos ni a todas las personas. Segundo, cuando comenzó a sanar a muchos en las multitudes que llegaban en busca de sanidad física, se corrió la voz y muchos de los enfermos venían a él en busca de un milagro. Pero aunque sanó multitudes de personas, Jesús no siempre sanó a todos los que venían a él.

Me parece que si el ministerio de Jesús hubiera sido mayormente de sanidad física, hubiera sanado de forma generalizada y, a lo mejor, de manera más permanente. Pero sabemos que toda persona que fue sanada físicamente por Jesús durante su ministerio terrenal, finalmente murió. En algún punto sus cuerpos sucumbieron a alguna otra enfermedad o la simple vejez superó los milagros anteriores.

Cuando miramos los milagros de sanidad de Jesús, vemos que algunas de las personas que sanó sabían y creían en quien era él. Otras no. Aunque la fe estaba siempre presente, no siempre era la fe del que era sanado. A veces era fe expresada por alguien con autoridad sobre la persona enferma o en relación con esa persona, como la curación del siervo del oficial romano (Mateo 8:5-13) y la hija de Jairo (Lucas 8:49-55).

La otra cosa que observé en los numerosos relatos de sanidad en los evangelios fue que la Biblia dice con frecuencia que Jesús fue movido a compasión (Mateo 14:14; Marcos 1:41; y Lucas 7:13-14).

Cualquier otra cosa que significara el ministerio de sanidad de Jesús, se hizo evidente para mí que a Jesús lo conmueve el sufrimiento físico que experimentamos. Es sensible a nuestro dolor. Sufre cuando sufrimos.

Pero fue la perspectiva que hallé en el Evangelio de Juan la que me ayudó en especial, allí Juan afirma con claridad el motivo por el que Jesús realizaba milagros de sanidad y otros tipos de milagros:

> *Los discípulos vieron a Jesús hacer muchas otras señales milagrosas además de las registradas en este libro. Pero estas se escribieron para que ustedes continúen creyendo que Jesús es el Mesías, el Hijo de Dios, y para que, al creer en él, tengan vida por el poder de su nombre.*
>
> JUAN 20:30-31

Si bien los milagros que realizó Jesús revelan su amor y su compasión por las personas que sufren, el propósito mayor de cada milagro es llevar a las personas a una realidad espiritual más profunda, a una mayor comprensión sobre él que nos otorgue la vida que anhelamos desesperadamente. Vemos así que Jesús en realidad quiere que vivamos. Vino y sanó para mostrarnos que hay una enfermedad más grave que la ceguera, la parálisis o la fiebre física, y que él tiene el poder para sanar. Esta enfermedad se instaló mucho antes y fue probablemente el día más triste de Dios.

El día más triste de Dios

Hace poco, una bella mañana de primavera, iba caminando con algunos amigos por el parque que queda cerca de casa cuando comenzamos a alabar a Dios con los ojos muy abiertos. Mientras expresábamos nuestra gratitud por la maravilla y la belleza que nos rodeaba, también reconocimos el quebrantamiento que nos rodeaba: un quebrantamiento que es tan devastador como imponente es la belleza. Y al elevar nuestras oraciones de alabanza a Dios, mi amiga Teri le dijo algo a Dios que yo nunca antes había pensado. Habló de lo que describió como «el día más triste de Dios».

Ahora, si me hubieran preguntado antes de eso cuál fue el día más triste de Dios, mi respuesta hubiera sido el de la crucifixión de Jesús. Cuando pienso en el cielo que se fue oscureciendo y en la tierra que tembló a la hora de su muerte, se me ocurre que toda la creación se convirtió en un canal del intenso dolor de Dios derramado sobre un mundo culpable.

Pero a lo mejor ese no fue el día más triste de Dios. A lo mejor su día más triste fue cuando en busca de Adán y Eva en el jardín del Edén no los halló porque estaban escondidos. Ese fue el día en que como raza humana nos aferramos a algo fuera de Dios en el intento de hallar gozo y satisfacción. Creímos la mentira de que Dios nos estaba privando de algo que nos haría felices. Y en nuestra elección de obtener satisfacción fuera de él, se produjo una gran grieta de separación entre él y nosotros. Ya no pudimos andar junto a Dios sin vergüenza o fingimiento. Ya no pudimos disfrutar una vida de plenitud, libre de frustraciones.

Ese día abrimos la puerta al pecado, y este entró corriendo a cada aspecto de nuestra vida, privándonos de nuestra libertad y nuestro irrestricto disfrute de Dios mismo. En la pureza del mundo que Dios había creado, el pecado introdujo un veneno que penetró todo. Y en la relación que disfrutábamos con Dios, el pecado levantó una barrera. Pasamos de estar en paz con Dios a sentirnos amenazados por él. El temor y la culpa invadieron el lugar donde antes regía la inocencia y la franqueza.

Lo que Dios había creado y se veía bueno fue invadido e infiltrado por los efectos del mal. Seguramente Dios sintió el peso del dolor de la pérdida, el Paraíso perdido. Seguramente ese fue su día más triste, cuando nos enfermamos de pecado.

Sin embargo, había un destello de esperanza en medio de la destrucción. Ese mismo día Dios le dijo a Satanás: «Pondré hostilidad entre tú y la mujer, y entre tu descendencia y la descendencia de ella. Su descendiente te golpeará la cabeza, y tú le golpearás el talón» (Génesis 3:15). Dios prometió que un día enviaría un héroe que lucharía contra Satanás hasta la muerte. Ese héroe sufriría, pero vencería. Jesús, nuestro héroe, derrotará para siempre el poder que tiene el pecado para separarnos de Dios y causarnos sufrimiento.

El resto de la Biblia es la historia del cumplimiento de esa promesa por parte de Dios. Satanás golpeó el talón de Jesús en la cruz, pero llegará el día en que Jesús aplastará la cabeza de Satanás. Leemos sobre ese día venidero en Apocalipsis 22:

> *Luego el ángel me mostró un río con el agua de la vida, era transparente como el cristal y fluía del trono de Dios y del Cordero. Fluía por el centro de la calle principal. A cada lado del río crecía el árbol de la vida, el cual produce doce cosechas de fruto, y una cosecha nueva cada mes. Las hojas se usaban como medicina para sanar a las naciones.*

Ya no habrá más maldición sobre ninguna cosa, porque allí estará el trono de Dios y del Cordero, y sus siervos lo adorarán.

APOCALIPSIS 22:1-3

Vendrá el día en que la muerte y la enfermedad serán sanadas definitivamente. Esa es nuestra esperanza segura en medio del dolor.

Pero, por ahora, vivimos en un tiempo intermedio, en el que el sufrimiento es una realidad permanente mientras esperamos que venga la sanidad cuando Cristo abra paso al nuevo cielo y la nueva tierra. Pablo describe la frustración que sentimos al vivir aquí y ahora a la espera de ese día:

Y los creyentes también gemimos —aunque tenemos al Espíritu Santo en nosotros como una muestra anticipada de la gloria futura— porque anhelamos que nuestro cuerpo sea liberado del pecado y el sufrimiento. Nosotros también deseamos con una esperanza ferviente que llegue el día en que Dios nos dé todos nuestros derechos como sus hijos adoptivos, incluido el nuevo cuerpo que nos prometió.

ROMANOS 8:23

¿En qué consistían los milagros de Jesús? Los milagros de sanidad de Jesús en los evangelios nos dan una muestra anticipada de lo que vendrá a causa del golpe decisivo que Jesús dio al poder del pecado y de la muerte cuando murió en la cruz. Vendrá el día en que el ministerio de sanidad de Jesús se cumplirá completamente. Su sanidad será generalizada y abundante... y será eterna.

Hasta entonces, aguardamos ese día con «esperanza ferviente». Leemos los evangelios y vislumbramos la sanidad de Jesús en el pasado. También la vislumbramos ahora en nuestras propias experiencias. Dios puede sanar enfermos en el presente en respuesta a nuestras oraciones y lo hace, pero no siempre y no a todos.

Cuando insistimos en que la promesa de Dios de sanidad completa debe aplicarse a nuestra vida ahora como en la plenitud que vendrá, esperamos erróneamente en este tiempo lo que Dios ha reservado para el futuro. El principal propósito de Dios para el presente no es librarnos de la enfermedad y el dolor, sino purificarnos y empoderarnos para que depositemos toda nuestra esperanza en sus promesas con la confianza de que un día serán la realidad que experimentaremos plenamente y disfrutaremos para siempre.

> *Cuando insistimos en que la promesa de Dios de sanidad completa debe aplicarse a nuestra vida ahora como en la plenitud que vendrá, esperamos erróneamente en este tiempo lo que Dios ha reservado para el futuro.*

Jesús le habla a nuestra enfermedad más significativa

Jesús vino para llegar a la raíz verdadera de nuestro problema, la causa de todo nuestro sufrimiento y dolor. Vino con la misión de destruir lo que nos ha acarreado toda nuestra miseria: el pecado. Ese es el significado más profundo de lo que manifiesta cuando lo escuchamos decirle al leproso: «Sí quiero [...]. ¡Queda sano!».

Los efectos de la lepra en el cuerpo de una persona pintan un cuadro vívido de los efectos del pecado en el alma de una persona. Así como solo hace falta una mancha para indicar que el cuerpo de una persona está tomado por la lepra, solo hace falta una mancha de pecado en nuestra vida para revelar que tenemos la enfermedad espiritual del pecado que se ha infiltrado en todo nuestro ser. Nuestros pensamientos, nuestras emociones y nuestra voluntad han sido infectadas por el pecado. Como la lepra, el pecado infecta toda la persona, y es feo, repugnante, corrosivo, contaminante, alienante, y finalmente lleva a la muerte.

Por lo tanto, al acercarse para sanar la lepra, Jesús nos estaba mostrando que su contacto puede sanar el pecado. Al sanar al leproso, Jesús nos está diciendo: «Puedo sanarte de la enfermedad más destructiva y mortal de tu vida, la enfermedad del pecado». En efecto, cada milagro de sanidad de su ministerio señala la capacidad de Jesús de sanar nuestra enfermedad espiritual más profunda, el pecado.

Cuando Jesús le dijo al ciego: «Puedes irte, pues tu fe te ha sanado» (Marcos 10:52), estaba diciendo que puede quitar la ignorancia espiritual que nos impide ver quién es él en realidad.

Cuando Jesús le dijo al hombre que había estado poseído por el demonio: «Ve a tu casa y a tu familia y diles todo lo que el Señor ha hecho por ti y lo misericordioso que ha sido contigo» (Marcos 5:19), estaba diciendo que puede liberarnos del pecado que nos domina y esclaviza.

Cuando Jesús le dijo al paralítico: «¡Ánimo, hijo mío! Tus pecados son perdonados» (Mateo 9:2), estaba diciendo que puede quitar el pecado que nos paraliza e incapacita.

Cuando Jesús le dijo a la mujer que había tenido hemorragia

durante doce años: «Hija, tu fe te ha sanado. Ve en paz. Se acabó tu sufrimiento» (Marcos 5:34), estaba diciendo que puede detener el desperdicio de la fuerza espiritual y de la vida que resulta del pecado continuo.

Cuando Jesús le dijo a los oídos y a la boca del hombre sordomudo: «¡Ábranse!» (Marcos 7:34), estaba diciendo que él puede vencer nuestra incapacidad o rechazo a escuchar a Dios y hablar a otros acerca de Dios.

Cuando Jesús habló hacia el interior de la tumba: «¡Lázaro, sal de ahí!» (Juan 11:43), estaba diciendo que trae de vuelta a la vida lo que el pecado mata, solo con el poder de su palabra.

Cuando Jesús le dijo al leproso: «Sí quiero [...]. ¡Queda sano!», estaba diciendo que quiere limpiarnos del pecado que nos domina y que sería eternamente fatal sin su toque sanador.

Y ahora comprendo que Jesús se acerca a mí cuando lo busco pidiendo sanidad. Ahora puedo escuchar su amorosa respuesta diciendo: «Sí quiero. ¡Queda sana!». Él está obrando en mi vida, incluso ahora, trayendo sanidad a los lugares heridos donde el pecado ha dejado su horrible marca. Ciertamente no ha terminado todavía, pero sé que vendrá el día en que la obra en mí será completa.

También he llegado a tener paz al comprender que Jesús no privó de su mano sanadora a Hope ni a Gabriel. Los ha llevado consigo y, en la resurrección, les dará cuerpos gloriosos (Filipenses 3:21). Y esto no es lavarse las manos librando a Dios de la culpa. La sanidad de mis hijos no fue de segunda. Es todo lo que pediríamos y anhelaríamos.

Jesús toma voluntariamente sobre sí nuestra enfermedad

Al ver a Jesús acercarse para tocar al leproso, reconocemos que no importa cuán infectados y ofensivos seamos por el pecado en nuestra vida, nada de lo que seamos —por dentro o por fuera— podrá jamás hacer que Jesús se aleje de nosotros ni se niegue a tocarnos. Jesús se compadece por la forma en la que el pecado ha lastimado e infectado nuestra vida con miseria. De manera que se acerca para tocarnos en nuestra absoluta culpa e impotencia, tomando sobre sí nuestra enfermedad-pecado e impartiéndonos su salud e integridad. Esto es lo que el profeta Isaías predijo acerca de la obra de Cristo:

> *Pero él fue traspasado por nuestras rebeliones*
> *y aplastado por nuestros pecados.*
> *Fue golpeado para que nosotros estuviéramos en paz;*
> *fue azotado para que pudiéramos ser sanados.*
> *Todos nosotros nos hemos extraviado como ovejas;*
> *hemos dejado los caminos de Dios para seguir los nuestros.*
> *Sin embargo, el SEÑOR puso sobre él*
> *los pecados de todos nosotros.*

ISAÍAS 53:5-6

Cuando Jesús se acercó y tocó al leproso, nos estaba mostrando que está dispuesto a tomar nuestra enfermedad-pecado sobre sí mismo y, en el proceso, transferirnos su saludable resplandor de justicia y aceptación delante de Dios.

Esta libertad del pecado es la sanidad milagrosa que supera nuestra comprensión, y la promesa del evangelio que parece demasiado buena para ser cierta de que cuando venimos a él en arrepentimiento y fe, Jesús nos da su justicia y toma nuestro pecado sobre sí mismo en un intercambio milagroso y misterioso. No es simplemente tener fe lo que nos salva. Nuestra fe es el canal por el que se lleva a cabo este intercambio sanador y milagroso. Cuando acudimos a Cristo en fe, estamos diciéndole básicamente: «Estoy enfermo y no puedo mejorar por mis propios medios. Jesús, confío en ti y dependo de ti para ser aceptable delante de Dios».

Jesús quiere sanarte. Quiere traerte a la total integridad para la que te ha creado, y si te has alejado de tu antigua vida como esclavo de tus impulsos pecaminosos y has dejado de intentar ser bueno por propia cuenta y te has vuelto a Jesús en total dependencia, ya ha comenzado a hacerlo. A medida que dependes de él, Jesús continuará transformando tu vida cargada de pecado para que refleje cada vez más su santidad y su salud.

Al leer los evangelios, no insistas en que Dios te sane ahora mismo. No reduzcas la naturaleza de su poder sanador y sus intenciones. Jesús no murió en la cruz para darte cierto número de días de salud en esta tierra, sino para prepararte, en cuerpo y alma, para la eternidad en un nuevo cielo y una nueva tierra.

Cuando nos sentimos desilusionados por la naturaleza espiritual del cumplimiento de la promesa de Dios de sanarnos, se revela la verdad de lo que pensamos acerca de nuestro pecado. No lo vemos realmente como un problema tan grande. Al compararnos con los que nos rodean, pensamos que somos bastante buenos. Pensamos en el problema de nuestro pecado más como un simple resfriado que como una enfermedad terminal.

Nuestra desilusión también revela que no valoramos las

promesas eternas de Dios tanto como quisiéramos que él reparara lo que vemos como nuestros problemas más significativos. Lo que en realidad queremos de él es que nos dé ahora y aquí mismo todo lo que ha prometido. Pensamos que la vida física en esta tierra, su duración y su calidad, es lo más importante. Nos cuesta mucho percibir el significado y la realidad de la vida venidera.

A lo mejor, lo que necesitamos no es una sanidad milagrosa de nuestro cuerpo, sino una consciencia más fuerte de nuestra enfermedad-pecado. Necesitamos ver las consecuencias de nuestro pecado, no solo en nuestro cuerpo mortal, sino en nuestra alma eterna. Recién entonces podemos apreciar el milagro que ofrece Jesús cuando nos sana de esta enfermedad mortal que es el pecado.

> *A lo mejor, lo que necesitamos no es una sanidad milagrosa de nuestro cuerpo, sino una consciencia más fuerte de nuestra enfermedad-pecado.*

Tú y yo tenemos una enfermedad mucho más mortífera que la lepra. Mientras que la lepra puede destruir el cuerpo, el pecado mata el alma.

De manera que venimos a Jesús con nuestra enfermedad mortal del pecado y decimos: «Señor, si quieres, puedes sanarme». Jesús no rechaza a nadie, no importa lo desfigurados que estemos por el pecado. En lugar de eso, nos mira amorosamente y dice: «Sí quiero».

Sobre la sanidad que te ofrece

※

Soy Jehovah-Rapha, el Señor que sana. Sanar no es solo algo que yo hago; es mi naturaleza, que se refleja en mi nombre. Soy la fuente y el sustentador de la vida misma. De manera que cuando estés enfermo, mírame, porque quiero sanarte.

Y quiero decir sanarte en realidad, no solo sanar tu cuerpo de manera provisoria, sino sanar tu espíritu, tu alma y tu cuerpo de manera completa y permanente. Quiero llevarte al lugar de total integridad creado para ti. Mi obra de sanidad ya ha comenzado en tu vida, comenzó cuando te traje a mi lado. Cuanto más profundices en mí y cuanto más tiempo permanezcas en mí, más sanidad experimentarás.

Es mi toque sanador lo que calma tu cuerpo dolorido, tu corazón roto, tu mente afligida y tu alma cansada. Es mi toque lo que te sana del egocentrismo que te consume, de la apatía hacia mí que te deja vacío, de la lujuria que te produce vergüenza y arrepentimiento, del materialismo que te deja insatisfecho, del rencor que te aísla de los otros, de todo el pecado que ha enfermado tu alma.

Sé que nunca es cómodo cuando mi Espíritu te muestra las áreas de tu vida que me ofenden. No estoy tratando de herirte al llamar la atención sobre tu pecado; estoy ayudándote. ¿Me dejarás amarte de esa manera? Solo ven a mí y comienza a confesar esos pecados en lugar de ignorarlos o intentar ocultarlos. No te rechazaré. Te limpiaré.

Este arrepentimiento al que te estoy llamando no es una cosa de una vez. Te estoy pidiendo que lo conviertas en una manera de vivir. Al vivir en arrepentimiento delante mí, seguiré mostrándote las cosas de tu vida que te impiden una relación más estrecha conmigo, no para condenarte ni desalentarte, sino para que tengas la vida plena y libre que te he preparado.

En la cruz enfrenté con decisión tu enfermedad más profunda y destructiva, e incluso ahora estás siendo sanado por mis heridas. Allí destruí el poder que tiene el pecado para gobernar tu vida y determinar tu destino.

No soy insensible al dolor en tu vida. Cuando lo expresas ante mí y me invitas a compartirlo, verás que me acerco a ti trayéndote paz.

Adaptado de Éxodo 15:26; Hechos 17:25; Hebreos 1:3; Romanos 6:13; Juan 15:4; 16:8; Lucas 6:19; 5:31-32; Mateo 13:15; 1 Juan 1:9; Efesios 5:26; Filipenses 1:6; Colosenses 3:5; 1 Pedro 2:24

CAPÍTULO 4

ESCUCHA A JESÚS DICIENDO:
Te salvaré de ti mismo

«Ves las cosas solamente desde el punto de vista humano,
no desde el punto de vista de Dios». MATEO 16:23

Jesús nos salva de una vida desperdiciada por estar
siempre tratando de salirnos con la nuestra.

David y yo conducimos un grupo cada domingo después del servicio de adoración en nuestra iglesia en el que sencillamente debatimos sobre el sermón. Venimos haciéndolo desde hace alrededor de cuatro años, y es un tiempo precioso que pasamos con nuestros hermanos y hermanas buscando entender las verdades que nos han expuesto. Nuestro amigo Hal Hadden llama a esta clase «un lugar donde se puede pensar en voz alta y doler en voz alta». Es un lugar seguro donde expresar ambas cosas.

Hace poco nuestra conversación giró en torno a nuestras expectativas sobre Dios y sobre cómo tendemos a cuestionar su bondad en algunas situaciones en lugar de dejar que él defina lo que es bueno. Una participante del grupo recordó un domingo hace varios años cuando David y yo nos paramos frente a la congregación. Nuestra familia de la iglesia nos había acompañado durante esos días difíciles cuando tratábamos de aprovechar de la mejor manera la corta vida de Hope acunándola en los brazos y en el corazón, y compartiendo el profundo dolor que sentimos en el vacío después de su muerte. De modo que cuando nos pusimos de pie para contarles que yo estaba embarazada de nuevo a pesar del procedimiento quirúrgico al cual nos habíamos sometido para evitar otro embarazo, no pudieron contener su alegría. Rompieron en aplausos antes de que termináramos de hablar. Pero no habíamos dicho todo. Cuando los aplausos se aquietaron, David agregó: «Y este bebé tendrá el mismo síndrome fatal que tenía su hermana, Hope».

Hubo una expresión audible de desaliento. Este no era el final feliz que todos sentían como el apropiado para nuestra historia, con seguridad no era el que pensaban que mostraría que seguir a Dios es algo bueno.

Nuestra amiga en el grupo contó que había llorado ese domingo y hasta el día siguiente. No le parecía justo. Y no se adecuaba a su idea de cómo esperamos que obre nuestro buen Dios en la vida de los creyentes. A ella le parecía que el final adecuado de la historia sería que Dios nos bendijera con una criatura saludable, mostrando al mundo expectante que Dios compensa las pérdidas que permite en nuestra vida.

Y no era la única que pensaba así.

Cuando compartimos nuestra noticia ese domingo, ya sabíamos desde hacía siete semanas que yo estaba embarazada. Pero se lo habíamos contado solo a unas pocas personas mientras esperábamos los resultados del análisis prenatal que nos indicaría lo que nos esperaba: otro niño saludable como nuestro hijo Matt u otro niño con el síndrome de Zellweger como nuestra hija Hope.

Fue interesante ver cómo respondieron varias personas creyentes con las que compartimos nuestro secreto. Recuerdo una amiga que me aconsejó seriamente no tener miedo y confiar que este niño sería saludable, como si esa confianza tuviera el poder para hacerlo realidad. Otra dijo que con seguridad Dios no nos daría otro niño con el síndrome, que: «Dios no es así y no haría algo así». Otra amiga nos dijo que estaba segura de que este niño sería saludable, como recompensa por nuestra fidelidad a Dios cuando perdimos a Hope. Incluso mi obstetra me dijo que estaba seguro de que el niño sería sano, no basado en un chequeo médico o en pruebas médicas, sino en su propio deseo compasivo y su optimismo innato.

Sinceramente, no creo que sus respuestas tuvieran mucho que ver con la introspección teológica. Nos querían mucho. Y no podían imaginarnos teniendo que soportar otra pérdida devastadora.

Pero recuerdo que yo pensaba que aunque ellos querían alentarnos y ser optimistas, éramos nosotros los que tendríamos que vivir con la desilusión si nos aferrábamos a la expectativa desinformada de un bebé saludable. Creo que también reconocimos que ellos no tenían ninguna base práctica o bíblica para tal certeza. *Dios no nos debe nada*, recuerdo haber pensado. *Muchos seguidores fieles experimentan más de una pérdida devastadora. ¿Por qué creer que de alguna manera somos ajenos a eso?*

Pensé en los creyentes a lo largo de la historia, e incluso ahora en diversas partes del mundo, que experimentan pérdida tras pérdida, no a pesar de, sino precisamente por su fidelidad a Jesús. La suposición de que Dios debería dar una vida cómoda a los creyentes fieles y, por supuesto, no más de una dosis de sufrimiento, parece ser una versión de la vida cristiana a lo estadounidense, que no resiste análisis. Y, ciertamente, no se ajusta a lo que vemos en la vida de los seguidores de Jesús en la Biblia. Hemos establecido erróneamente un recorrido apropiado y aceptable de la vida cristiana victoriosa en el que, si declaramos nuestra fe sólida en Jesús, de alguna manera él nos debe una vida con pocas dificultades.

Los creyentes a lo largo de la historia, e incluso ahora en diversas partes del mundo, que experimentan pérdida tras pérdida, no a pesar de, sino precisamente por su fidelidad a Jesús.

Nuestras suposiciones acerca del discipulado

Parecería que el mismo apóstol Pedro tenía al principio ciertas ideas equivocadas respecto del discipulado. Pedro acababa de tener una conversación poderosa y fundamental con Jesús y había declarado su sólida fe personal en Jesús como el Hijo de Dios. Su intercambio con Jesús está registrado en Mateo 16:

> *Cuando Jesús llegó a la región de Cesarea de Filipo, les preguntó a sus discípulos:*
> *—¿Quién dice la gente que es el Hijo del Hombre?*
> *—Bueno —contestaron—, algunos dicen Juan el Bautista, otros dicen Elías, y otros dicen Jeremías o algún otro profeta.*
> *Entonces les preguntó:*
> *—Y ustedes, ¿quién dicen que soy?*
> *Simón Pedro contestó:*

—*Tú eres el Mesías, el Hijo del Dios viviente. Jesús respondió:*
—*Bendito eres, Simón hijo de Juan, porque mi Padre que
está en el cielo te lo ha revelado. No lo aprendiste de ningún ser
humano. Ahora te digo que tú eres Pedro (que significa "roca"),
y sobre esta roca edificaré mi iglesia, y el poder de la muerte no
la conquistará. Y te daré las llaves del reino del cielo. Todo lo
que prohíbas en la tierra será prohibido en el cielo, y todo lo
que permitas en la tierra será permitido en el cielo.*

MATEO 16:13-19

Jesús le dijo a Pedro: «Bendito eres [...]. Te daré las llaves del
reino del cielo». Qué emocionante. Me imagino oyendo a Jesús
hablar palabras de victoria, bendición y poder. Pedro se habrá sentido inspirado a seguir adelante con determinación para trepar la
montaña que tenían por delante.

Pero luego Jesús dijo algo que parecía poner todo en peligro,
por lo menos en los términos en los que Pedro hubiera supuesto
que se desarrollaría su futuro.

*A partir de entonces, Jesús empezó a decir claramente a sus
discípulos que era necesario que fuera a Jerusalén, y que
sufriría muchas cosas terribles a manos de los ancianos,
de los principales sacerdotes y de los maestros de la ley
religiosa. Lo matarían, pero al tercer día resucitaría.*

MATEO 16:21

Primero había dicho que los poderes del infierno no podrían
derrotarlos y, luego, dijo que era necesario que el fuera a Jerusalén,
donde sufriría injustamente, lo matarían y, al tercer día, resucitaría
de la muerte. Para Pedro eso sencillamente no tenía sentido.

Pedro había llegado a ver en Jesús el cumplimiento de todas las profecías que hablaban de un Mesías conquistador que gobernaría el mundo en paz y con justicia. Pero todavía no había podido relacionar al Salvador victorioso con la persona que describía Isaías como el Siervo sufriente. Mirando al futuro, Pedro veía el reino de Dios en términos de reinado y autoridad, no de ridículo y rechazo.

Y como a nosotros, a Pedro le gustaba pensar en bendición, construcción y superación. El sometimiento y el sufrimiento no tenían lugar en su plan para el futuro.

> *Entonces Pedro lo llevó aparte y comenzó a reprenderlo por decir semejantes cosas.*
> *—¡Dios nos libre, Señor! —dijo—. Eso jamás te sucederá a ti.*
>
> MATEO 16:22

¡Imagina ser tan valiente e intrépido como para reprender a Jesús! Y, sin embargo, ¿acaso no nos vemos a nosotros mismos reflejados en ese intercambio? ¿Acaso no escuchamos en la confrontación de Pedro nuestra propia frustración con los planes que Dios a veces prepara para nosotros?

Aquí es donde necesitamos escuchar a Jesús hablándonos en medio del sufrimiento. Pero escucharlo duele un poco.

> *Jesús se dirigió a Pedro y le dijo:*
> *—¡Aléjate de mí, Satanás! Representas una trampa peligrosa para mí. Ves las cosas solamente desde el punto de vista humano, no desde el punto de vista de Dios.*
>
> MATEO 16:23

Un minuto antes, Pedro había sido aclamado como el fundamento de la iglesia. Ahora se lo etiqueta como instrumento de Satanás. Hacía un momento Jesús decía que Pedro estaba expresando las revelaciones de Dios. Ahora, Jesús reprende a Pedro por decir las necedades que dice cualquier persona.

No estoy segura de cuál fue el proceso de pensamiento de Pedro en ese momento. Pero sí sabemos que Pedro y los otros estaban compitiendo por una posición en el reino terrenal que ellos esperaban que Jesús instaurara. De manera que, a lo mejor, el arrebato de Pedro fue provocado por ver que todos esos sueños de grandeza se convertían en una pesadilla inimaginable.

Pero no creo que eso fuera todo. Creo que Pedro amaba a Jesús. Y creo que no podía soportar la idea de que el Jesús que él amaba tan tiernamente fuera asesinado como un criminal cualquiera. *Estoy seguro*, habrá pensado Pedro, *que el plan de Dios para tu vida no puede incluir una cruz.*

Creo que fue eso mismo lo que hizo que aquellas personas creyentes cercanas a nosotros nos dijeran que estaban seguras de que Dios no nos daría otro niño que iba a morir. Nos amaban. Y no podían imaginar que una vez más tuviéramos que atravesar el sufrimiento que habíamos padecido hacía dos años. *Estamos seguros*, habrán pensado, *que el plan de Dios para la vida de ustedes no puede incluir una cruz.*

Con qué facilidad nos salimos del sendero cuando nos negamos a abrazar el método de Dios para vencer, cuando rechazamos su llamado a seguirlo hasta la cruz. Como vemos, cuando Jesús habló, estaba respondiendo a la sugerencia de Pedro inspirada por Satanás de que él no tuviera que ir a la cruz, que la victoria se pudiera ganar por medio de la fuerza en lugar de la debilidad, el poder militar en lugar de la renuncia abnegada, el posicionamiento político en lugar del sometimiento sacrificial, el carisma personal en lugar de la auténtica humildad.

Jesús sabía que el camino de la victoria es siempre y, únicamente, muriendo a hacer las cosas de la manera que tiene sentido solo en términos humanos. La manera en que Jesús hace las cosas es paradójica. En lo superficial, nos cuesta mucho encontrarle el sentido. Pero en lo profundo, sabemos que es verdad.

La paradoja que nos ayuda a soltar

Jesús les dijo a sus discípulos:

> *Si alguno de ustedes quiere ser mi seguidor, tiene que abandonar su propia manera de vivir, tomar su cruz y seguirme. Si tratas de aferrarte a la vida, la perderás, pero si entregas tu vida por mi causa, la salvarás.*
>
> MATEO 16:24-25

Los discípulos sabían bien a qué aludía Jesús cuando dijo: «tomar su cruz». Habían visto a muchos criminales condenados a los que se los obligaba a transportar el instrumento de su propio sufrimiento y muerte mientras tropezaban camino a su propia ejecución.

Quisiéramos poder decirle a Jesús en nombre de ellos y nuestro: «Seguramente el plan de Dios para mi vida ¡no tiene que incluir una cruz!». Pero sabemos que el plan de Dios para algunos de sus discípulos literalmente incluía una cruz. De acuerdo con la tradición cristiana, cuatro de los doce discípulos fueron martirizados por crucifixión. Pedro fue uno de ellos, aunque la tradición dice que él insistió en ser crucificado cabeza abajo porque no se sentía digno de morir de la misma manera que su amado Jesús.

Pero para la mayoría de los discípulos de Jesús, incluyéndote a ti y a mí, es improbable que seamos llamados a tomar literalmente la cruz de madera. Es más probable que seamos invitados a tomar voluntariamente un método incómodo de dar muerte a nuestra voluntad y nuestros deseos, nuestros planes y nuestras metas, nuestras preferencias y nuestras exigencias. Jesús estaba estableciendo un modelo para cualquiera que se atreva a identificarse como uno de sus seguidores. El sacrificio está en el corazón de lo que significa seguirlo.

Es más probable que seamos invitados a tomar voluntariamente un método incómodo de dar muerte a nuestra voluntad y nuestros deseos, nuestros planes y nuestras metas, nuestras preferencias y nuestras exigencias.

¿Qué ocurre si en realidad escuchamos a Jesús diciendo esas palabras de sacrificio cuando estamos sufriendo? Nuestro pensamiento ya no se limitará a un punto de vista meramente humano. Comenzaremos a pensar como Jesús. La razón por la que sé que esto es posible es porque fue lo que ocurrió con Pedro. Más de treinta años después de ser reprendido por Jesús, Pedro escribió lo siguiente en una carta a otros discípulos de Jesús alrededor del mundo:

> Por lo tanto, ya que Cristo sufrió dolor en su cuerpo, ustedes prepárense, adoptando la misma actitud que tuvo él y estén listos para sufrir también. Pues, si han sufrido

físicamente por Cristo, han terminado con el pecado. No
pasarán el resto de la vida siguiendo sus propios deseos,
sino que estarán ansiosos de hacer la voluntad de Dios.

1 PEDRO 4:1-2

«Prepárense, adoptando la misma actitud que tuvo él» escribió Pedro. Pedro se tomó en serio la reprensión de Jesús y se convirtió en un promotor de su manera de pensar sobre el sufrimiento. Pedro ya no mostraba preferencia por la idea de extender el reino de Dios en el mundo a través del poder y la victoria. Finalmente, reconoció que el reino de Dios se extiende en este mundo y en nuestra vida a medida que damos muerte a nuestra pretensión de vivir la vida a nuestra manera.

¿Escuchas hablar a Jesús, a lo mejor reprendiéndote por pensar en las pérdidas en tu vida desde una perspectiva puramente humana? ¿Estás dispuesto a tener en cuenta el costo de lo que significará seguirlo, a adoptar la actitud de Jesús con el sufrimiento? Jesús es muy franco sobre el costo que tendrá seguirlo. Nos costará todo.

Seguir a Jesús es seguir a un Jesús crucificado que nos invita a compartir su sufrimiento. Requiere que digamos no a las demandas de nuestra carne pecadora y que nos neguemos a sucumbir a la sugerencia de Satanás de insistir en tener lo que creemos que nos hará verdaderamente felices.

En definitiva, morir a nosotros mismos es la única manera de vivir en realidad. Jesús nos salva de desperdiciar nuestra vida tratando de salvarla. Con amor, Jesús nos salva de nosotros mismos.

ESCUCHA HABLAR A JESÚS

Invitándote a seguirlo

❧

Sígueme. Cuando te digo esa única palabra, te estoy ofreciendo una invitación. Pero también debo decirte que te estoy dando un mandato. Seguirme no puede ser una actividad a medias. Si hay algo que te impide seguirme, debes deshacerte de ello.

Sígueme. Requerirá que dejes de seguir las costumbres de este mundo. No puedes valorar lo que el mundo valora o amar lo que el mundo ama, porque el mundo no me valora ni me ama. Pero si me sigues, te ayudaré a salir de una vida dedicada a procurar posesiones y experiencias y pasiones que nunca lograrán satisfacerte.

Sígueme. Pero debes saber que seguirme implica ir a mi cruz. Seguirme requiere la muerte del culto a ti mismo para que yo pueda vivir en ti y a través de ti. Vivirás en tu cuerpo terrenal no por cuidar de ti mismo, sino por confiar en mí.

Sígueme. Te salvaré de la tiranía de estar siempre pensando en ti mismo primero y por encima de todo: tus necesidades, tus quejas, tus heridas, tus deseos, tus preferencias, tus derechos. En lugar de eso, te mostraré cómo renunciar a la exigencia de la vida que crees merecer, a tal punto que querrás, sobre todo, agradarme.

Sígueme, no a una vida de comodidad, sino a una vida de significado. Seguirme puede costarte hasta la vida misma, pero puedes tener la confianza de que te restituiré más de lo que pierdas en el camino. Y en el proceso, tu vida dará testimonio al mundo de que me atesoras más que a cualquier otra cosa y que a todo lo que has dejado atrás.

Sígueme, escuchando el sonido de mi voz en tu vida. Sé que

hay muchas voces a tu alrededor e incluso en tu interior que te dicen lo que debes pensar y creer y cómo vivir. No permitas que esas voces ahoguen mi voz en tu oído. Sintoniza mi voz abriendo mi Palabra. Juzga cualquier otra voz por su armonía con la mía.

Sígueme a donde voy. Voy a preparar un lugar para ti. Cuando todo esté preparado, vendré a buscarte, para que estés siempre conmigo donde yo estoy.

Adaptado de Juan 10:27; 12:26; 14:2-3; Mateo 13:44; 16:24; Gálatas 2:20; 1 Pedro 2:21; 4:1-2; Lucas 9:61-62; Hebreos 1:1-2; Juan 10:27; 14:2-3

CAPÍTULO 5

ESCUCHA A JESÚS DICIENDO:
Te protegeré

«No teman a los que quieren matarles el cuerpo;
no pueden tocar el alma». MATEO 10:28

Jesús nos protege del daño eterno.

Era una de esas noches perfectas que pasábamos cenando en el patio trasero, comiendo salmón asado y compartiendo tiempo con amigos que no veíamos hacía mucho tiempo hasta bien entrada la noche. Desde la última vez que estuvimos juntos, nuestra amiga Jenny había estado peleando una batalla campal contra un tipo de cáncer agresivo y queríamos conocer toda la historia.

Nos contó de su encuentro con un radiólogo por el tratamiento que le habían recomendado. Con aparente falta de sensibilidad y sin ofrecerle ninguna palabra de consuelo, este profesional le había advertido que el proceso sería lo más doloroso que jamás hubiera experimentado, ya que la piel de la parte afectada se quemaría y se caería.

—Pero la Biblia dice: «Cuando cruces las aguas, yo estaré contigo; cuando cruces los ríos, no te cubrirán sus aguas; cuando camines por el fuego, no te quemarás ni te abrasarán las llamas»— le dijo ella (Isaías 43:2, NVI).

—¿En verdad crees esa tontería? —respondió él.

—Sí —dijo mi amiga—, lo creo.

No hace falta decir que buscó otra persona para que le administrara el tratamiento.

Pero el radiólogo había estado en lo cierto respecto de la intensidad del dolor y las quemaduras. Se le quemó la piel y el dolor era tan insoportable que tuvo que ser hospitalizada y recibir morfina para aguantar.

Su historia y su deseo de encontrar protección en las promesas de las Escrituras me recordaron mi propia experiencia de preguntarme cómo aplicar algunos de los pasajes de la Biblia que parecían promesas que yo podía reclamar, en realidad, promesas que yo quería reclamar.

Alrededor de nueve meses después de la muerte de Hope, la tarea para el grupo de estudio bíblico del que yo formaba parte era leer el Salmo 91 y expresar la forma en que estas palabras habían sido reales en mi vida.

Te rescatará de toda trampa
y te protegerá de enfermedades mortales.
Con sus plumas te cubrirá
y con sus alas te dará refugio.
Sus fieles promesas son tu armadura y tu protección. [...]
Si haces al SEÑOR tu refugio

y al Altísimo tu resguardo,
ningún mal te conquistará;
   ninguna plaga se acercará a tu hogar.
Pues él ordenará a sus ángeles
   que te protejan por donde vayas.
Te sostendrán con sus manos
   para que ni siquiera te lastimes el pie con una piedra. [...]
El SEÑOR *dice: «Rescataré a los que me aman;*
   protegeré a los que confían en mi nombre».

SALMO 91:3-4, 9-12, 14

Este es el tipo de poesía que escribimos en una tarjeta para mandar a alguien o usamos como protector de pantalla. Las palabras tejen una manta de protección con la que queremos envolvernos para preservarnos del daño. Pero ese día cuando las leí, me parecieron promesas vacías.

De manera que cuando mi grupo de debate llegó a este tema, tuve que decir lo que en realidad pensaba. Entre lágrimas le dije al grupo: «No entiendo cómo esto puede ser verdad. Dios *no* protegió a mi familia de una enfermedad mortal. *No* evitó que nuestros pies se hirieran en las piedras, en realidad, permitió algo mucho peor».

En el peor momento de mi dolor, sencillamente no quería pasar por encima esos versículos que parecían tan ajenos a mi realidad. No sabía cómo conciliar este pasaje con mi experiencia.

Pero quería hacerlo.

Mi confianza sólida en la integridad de la Palabra de Dios me decía que tenía que haber algo fundamental que yo no comprendía para que ese pasaje no me pareciera verdad. Quería descubrir cómo aplicar la promesa bíblica de protección, no solo a mí, sino también a los misioneros secuestrados, al pastor chino encarcelado, a la buena madre de tres niños que está muriendo de cáncer. Sospechaba que, si podía llegar a entender el significado de las promesas de protección de Dios, habría un avance en mi comprensión de Dios y en mi experiencia de pérdida.

De manera que emprendí mi búsqueda en el Antiguo y el Nuevo Testamentos tratando de descubrir lo que Dios en verdad dice cuando promete protegernos y de qué nos protege. Cuando llegué a los evangelios, escuché a Jesús hablando del tema, pero lo que decía no era precisamente lo que yo quería escuchar.

Jesús nos prepara para lo peor

En Mateo 10 llegamos a la escena en que Jesús acababa de llamar a sus doce discípulos y se estaba preparando para enviarlos de a dos para el ministerio. Al prepararlos, les otorgó su propio poder sobrenatural para mostrar su soberanía sobre todos los reinos espirituales y físicos.

> *Jesús reunió a sus doce discípulos y les dio autoridad para expulsar espíritus malignos y para sanar toda clase de enfermedades y dolencias.*
>
> MATEO 10:1

Jesús tenía muchas cosas que decirles a los doce antes de que se marcharan en direcciones diferentes. Pero lejos de darles una arenga alentadora, parecía estar preparándolos para lo peor. «Los entregarán a los tribunales y los azotarán con látigos en las sinagogas» les dijo (versículo 17). «Cuando los arresten, no se preocupen

por cómo responder o qué decir» (versículo 19). «Todas las naciones los odiarán a ustedes por ser mis seguidores» (versículo 22). Y
luego dijo algo que me llamó verdaderamente la atención:

> *No teman a los que quieren matarles el cuerpo; no*
> *pueden tocar el alma. Teman solo a Dios, quien puede*
> *destruir tanto el alma como el cuerpo en el infierno.*
>
> MATEO 10:28

No puedo evitar preguntarme: «¿*Solo* pueden matar mi cuerpo?
¿Y yo debería sentirme aliviada por eso?».

Las palabras de Jesús revelan que hay algo mucho más importante para él que protegernos del daño físico. Su agenda es el avance
del Reino. Su causa puede costarnos la vida y, evidentemente, eso
no es problema para él.

Cuando digo que no es problema para él, no quiero decir que
no lo tiene en cuenta ni que lo aplauda. Le importa profundamente lo que nos sucede y necesitamos escuchar cuando dice eso
también, precisamente, en los versículos siguientes:

> *¿Cuánto cuestan dos gorriones: una moneda de cobre?*
> *Sin embargo, ni un solo gorrión puede caer a tierra*
> *sin que el Padre lo sepa. En cuanto a ustedes, cada*
> *cabello de su cabeza está contado. Así que no tengan*
> *miedo; para Dios ustedes son más valiosos que toda*
> *una bandada de gorriones.*
>
> MATEO 10:29-31

¿Escuchas a Jesús hablándote aquí, asegurándose de que sepas
cuánto vales para él, con cuánto detalle y amor te conoce? Jamás

podemos pensar que no le importan las dificultades que enfrentamos mientras vivimos para él en este mundo.

Pero cuando miramos la vida y la muerte violenta de Jesús, cuando consideramos la vida y la muerte de sus discípulos y cuando escuchamos lo que dijo Jesús vez tras vez acerca de cómo seremos recompensados por soportar la persecución a causa de su nombre, se hace evidente que hay algo más importante para Jesús que nuestra comodidad y seguridad física. Aunque le importa profundamente nuestra persona y el dolor físico que experimentamos, le importa mucho más nuestra condición espiritual. Sabe que este cuerpo nuestro se gastará y morirá antes de que llegue el día en que él lo resucite y lo renueve. Lo que más le preocupa es nuestra alma.

Hay algo más importante para Jesús que nuestra comodidad y seguridad física.

Jesús sabe que nos cuesta captar esta realidad espiritual más significativa. Limitados por este cuerpo y nuestra perspectiva terrenal, nos resulta difícil imaginar nuestro futuro eterno y cómo la manera en que vivimos ahora y lo que creemos ahora impactará en la realidad eterna. Entonces en nuestros pedidos diarios de un viaje seguro y salud física, y en nuestras oraciones más desesperadas por sanidad o liberación en medio de grandes dificultades, intentamos aplicar a nuestro cuerpo la promesa de Dios de protección que estaba destinada a nuestra alma. Y al hacerlo, con frecuencia, terminamos desilusionados.

Cuando parece que Dios no responde y no nos protege, tendemos a señalarlo y culparlo con rapidez, acusándolo de no cumplir su promesa. Mientras nuestro sistema de valores no se alíñe con el suyo, mientras no valoremos la vida eterna de nuestra alma más que la vida provisoria de nuestro cuerpo terrenal, seguiremos desilusionados con Dios.

Dios no ha prometido la liberación física total en esta vida a los que ponen su fe en él. Pero ha prometido proteger nuestra alma para la eternidad. Y, en verdad, eso es mucho más grande y mucho mejor.

No necesariamente parece más significativo para ti y para mí ahora... pero lo es.

Escucha a Jesús orar por nosotros

«Estoy orando por ti» son palabras que significan mucho cuando estamos sufriendo. A alguien le importamos lo suficiente como para poner nuestro nombre y nuestras necesidades delante del Padre. Y sabemos que sus oraciones hacen una diferencia. «La oración ferviente de una persona justa tiene mucho poder y da resultados maravillosos» (Santiago 5:16). No siempre sabemos cuáles serán esos resultados, pero podemos tener la seguridad de que la oración importa y que da resultado.

Supongo que esto me desconcierta porque no sabemos realmente cómo orar ¿verdad? Anhelamos ser fervientes al orar, pero con frecuencia solo tanteamos. Si somos sinceros, a veces nuestras oraciones van más dirigidas a los oídos de la gente que nos escucha que a los oídos del Padre. Nuestras oraciones tienden a ser inconsistentes, egocéntricas y motivadas más por el deseo de obtener lo que queremos de Dios que por acercarnos a lo que él quiere.

Pero hay uno que ora por nosotros cuyas oraciones nunca son

insinceras o equivocadas. Sus oraciones son absolutamente fervientes. Es la única persona verdaderamente justa que ha vivido jamás. Efectivamente las oraciones fervientes de esta persona justa tienen gran poder y producen resultados maravillosos.

Estoy hablando, por supuesto, de Jesús. Juan 17 registra la oración de Jesús por sus discípulos. No obstante, Jesús dejó en claro que esa oración no era solo para su círculo íntimo de apóstoles. «No te pido solo por estos discípulos, sino también por todos los que creerán en mí por el mensaje de ellos» dijo Jesús (versículo 20). Si crees en él, entonces, Jesús hizo esta oración por ti:

> *Padre santo, tú me has dado tu nombre; ahora protégelos*
> *con el poder de tu nombre para que estén unidos como*
> *lo estamos nosotros. [...] No te pido que los quites del*
> *mundo, sino que los protejas del maligno.*
>
> JUAN 17:11, 15

Cuando leemos la oración de Jesús en Juan 17, una oración de protección y seguridad por sus discípulos que se extiende a todos los creyentes de todos los tiempos, no podemos evitar sentirnos privilegiados y esperanzados por el futuro. ¡Dios responde las oraciones de Jesús con un contundente: *¡Sí!*

A lo mejor esperábamos que la respuesta afirmativa a la oración de Jesús significara que los discípulos jamás enfrentarían algún daño, ¿verdad? Pero sabemos que eso no fue lo que ocurrió. La historia registra que todos los discípulos menos uno, fueron asesinados por su lealtad a Cristo. Se dice que solo Juan vivió hasta la vejez, y fue severamente perseguido por su fidelidad al evangelio.

La mayoría de los discípulos pasaron años en prisión y fueron apedreados, decapitados o crucificados.

Entonces, ¿cómo conciliamos la oración de Jesús pidiendo protección a sus discípulos con la realidad de que casi todos ellos murieron como mártires? ¿Es así como Dios protege a quienes ama?

Jesús le pidió a su Padre que protegiera a los discípulos y a nosotros del maligno porque sabe que el maligno quiere destruirnos. De hecho, según 1 Pedro 5:8, Satanás «anda al acecho como un león rugiente, buscando a quién devorar». ¿Y cómo nos devora? Satanás trae sufrimiento en un esfuerzo por mermar nuestra fe, trae tentación en un intento de engañarnos y trae dudas acerca del amor y la bondad de Dios para tratar de alejarnos de él. La meta de Satanás en este mundo es mantenernos separados de Dios y apropiarse de nosotros por la eternidad.

¿Cómo conciliamos la oración de Jesús pidiendo protección a sus discípulos con la realidad de que casi todos ellos murieron como mártires? ¿Es así como Dios protege a quienes ama?

Pero Jesús ha orado por nosotros, pidiéndole a su Padre que nos proteja del maligno, de manera que no estamos a merced de Satanás. Dios ha respondido a la oración de Jesús con un contundente *¡Sí!* Y todos los que están en Cristo están a salvo del poder represor del maligno. Aunque Satanás pueda ganar una o dos batallas en la vida del creyente, jamás ganará la guerra contra el alma. Jesús ha orado por los suyos y estamos protegidos.

Jesús promete protegernos

En verdad, una de las palabras más políticamente incorrectas hoy en día es *juicio*. Y la idea de que Dios juzgará el pecado se considera una táctica amedrentadora, anticuada y anacrónica. Sin embargo, la Biblia aclara que el juicio por el pecado será real y aterrador para quienes no estén protegidos de él.

Jesús habló con frecuencia del juicio y la ira que vendrán contra el pecado. «Los que creen en el Hijo de Dios tienen vida eterna» dijo Jesús, pero luego continuó: «Los que no obedecen al Hijo nunca tendrán vida eterna, sino que permanecen bajo la ira del juicio de Dios» (Juan 3:36).

Pablo escribe:

> *Pues se acerca el día de la ira, en el cual se manifestará
> el justo juicio de Dios. Él juzgará a cada uno según
> lo que haya hecho. [...] Pero derramará su ira y enojo
> sobre los que viven para sí mismos, los que se niegan a
> obedecer la verdad y, en cambio, viven entregados a la
> maldad.*
>
> ROMANOS 2:5-6, 8

Un día se va a derramar la ira de Dios contra el pecado.

Ahora, preferimos hablar más del amor de Dios que de la ira de Dios, pero ¿acaso no es un alivio saber que el pecado en este mundo no quedará impune, que se hará justicia? Bueno, para mí es un alivio... hasta que miro en mi propio corazón y reconozco que el mal en mí no merece nada menos que la ira de Dios.

De manera que, si la ira de Dios contra el pecado es cierta y si el mal en mi interior es inevitable, entonces ¿la experiencia de la ira es inevitable? ¿Hay algo o alguien que pueda protegerme de la ira de Dios que va a caer fluyendo de su justicia divina?

Escucha a Jesús hablando acerca de esta situación tan triste. Dice que eso es precisamente por lo que vino, que protegerá a aquellos que vienen a él. Nos mantendrá a salvo.

> *Dios no envió a su Hijo al mundo para condenar*
> *al mundo, sino para salvarlo por medio de él.*
> JUAN 3:17

Mientras nos ocultamos en la persona y la obra de Jesús, hallamos refugio y seguridad de la ira segura e incuestionable de Dios.

Jesús puede protegernos de la ira de Dios solo porque para él no hubo protección. Mientras pendía de la cruz, absorbió la ira de Dios en nuestro lugar para que pudiéramos estar protegidos de ella. Pablo escribe: «Entonces, ya que hemos sido hechos justos a los ojos de Dios por la sangre de Cristo, con toda seguridad él nos salvará de la condenación de Dios» (Romanos 5:9).

Cuando veo a Jesús en la cruz, ya no puedo abrigar resentimiento porque no haya estado para mí de la forma que yo deseaba que lo hiciera, una forma muy limitada por mi perspectiva terrenal. Ya no puedo insistir en que su promesa de protección se aplique a todo lo que amenaza

Jesús puede protegernos de la ira de Dios solo porque para él no hubo protección.

mi existencia cómoda en esta vida. Entiendo que él ha pagado el precio definitivo para que yo pueda estar protegida de la ira que merezco. Y escucho a Jesús en medio de mi sufrimiento, diciéndome que *esta* es la manera en la que él protege a los que ama.

Jesús le habla a nuestra ansia de seguridad y tranquilidad ayudándonos a ver que nos está protegiendo de una manera mucho más amplia de la que jamás podríamos definir ni pedir. Su promesa de protección es mucho más profunda que la protección de nuestro cuerpo o nuestra agenda o nuestros planes para la vida.

Jesús oró por nuestra protección. Proveyó nuestra protección. Podemos descansar tranquilos con la seguridad de que estamos protegidos. Estamos seguros.

Protegiéndote en medio de la tormenta

—————— ❧ ——————

PERCIBO EL ANHELO DE SEGURIDAD en tu corazón, en especial porque vives en un mundo que está siendo sacudido por tantas dificultades y sufrimientos. No te sorprendas por las adversidades y no permitas que tu corazón se aflija por eso. Confía en Dios y confía también en mí. Solo se puede encontrar paz verdadera y seguridad duradera si hallas tu hogar en mí.

Puedo darte una base sólida sobre la cual construir para que puedas resistir las tormentas de la vida. Ven a mí, y escucha lo que en realidad estoy diciéndote en mi Palabra. Léela, piensa en su totalidad, ahonda en ella y, luego, relaciónala con tu vida. Permítele modelar tu pensamiento y tus valores, tus prioridades y tu conducta diaria. Si lo haces, hallarás que, aunque las tormentas siguen arreciando en tu vida, no serás destruido por ellas. Tu mundo podrá ser sacudido por las dificultades y las desilusiones, pero tu fe se sostendrá.

Halla consuelo en la verdad de que estoy preparando un lugar donde estarás seguro y en paz para siempre conmigo. No habrá tormentas ni amenazas ni temor, solo paz y seguridad perfectas. Esta esperanza es un ancla fuerte y firme para tu alma cuando soplen en tu vida los vientos de dificultades. Es una promesa en la cual puedes confiar. Aférrate a ella y vive en la altura.

Adaptado de Juan 14:1-2; 16:33; Lucas 6:46-49; 2 Timoteo 4:18; Hebreos 6:18-19

CAPÍTULO 6

ESCUCHA A JESÚS DICIENDO:
Tengo un propósito para tu sufrimiento

---

*«Esto sucedió para que la obra de Dios se
hiciera evidente en su vida».* JUAN 9:3, NVI

Jesús nos da una nueva perspectiva
cuando preguntamos «¿Por qué?».

Cuando me desperté en el hospital la mañana después de que recibimos el funesto diagnóstico de Hope, la realidad volvió de inmediato a mi consciencia. Uno de mis primeros pensamientos fue: *Esto es mi culpa. No oré lo suficiente por un bebé saludable. Si hubiera orado con más fidelidad, Dios no hubiera tenido que hacer esto para llamarme la atención.* Como muchas personas que atraviesan dificultades, supuse de inmediato que mi sufrimiento era mi culpa, que todos mis pecados me habían alcanzado y finalmente estaba recibiendo lo que merecía.

¿Por qué? es la pregunta que parece perseguir a la mayoría de las personas que sufren profundamente. De hecho, muchos de nosotros nos quedamos estancados allí. Hasta no recibir una respuesta aceptable para esa pregunta, no podemos seguir adelante.

Creo que con la pregunta del porqué, en realidad, formulamos dos preguntas. Queremos saber qué motivó ese sufrimiento, así como también, cuál es el propósito que tiene. Queremos saber qué o quién es responsable y descubrir si hubo o no alguna buena razón.

Jesús habló sobre ambas preguntas en su respuesta a sus discípulos cuando le preguntaron por qué había nacido ciego un hombre que mendigaba fuera del templo. Pero en realidad no le preguntaron *por qué* tan directamente. Hicieron una suposición —una suposición que era muy común en su tiempo. Según la enseñanza rabínica, todo sufrimiento era directamente atribuible a hechos del pecado, ya sea de la persona afectada o de sus padres. Algunos rabinos enseñaban que los niños podían pecar en el vientre de su madre y luego pagaban el castigo por ese pecado prenatal toda la vida. Por lo tanto, los discípulos supusieron que el pecado de alguien específico era directamente responsable de la ceguera del hombre, solo que no sabían quién era ese alguien.

> *Rabí, ¿por qué nació ciego este hombre? —le*
> *preguntaron sus discípulos—. ¿Fue por sus propios*
> *pecados o por los de sus padres?*
> JUAN 9:2

En muchos sentidos su suposición repite la de los amigos de Job, uno de los sufrientes más significativos del Antiguo Testamento. Job era considerado «un hombre intachable, de absoluta integridad» (Job 1:1); sin embargo, experimentó la pérdida de su propiedad, sus diez hijos y su salud. Los amigos de Job estaban convencidos de que Job había cometido un pecado secreto para tener que soportar esas pérdidas tan devastadoras. La suposición básica de los amigos de Job era que su sufrimiento era por su propia culpa, que Dios había enviado sufrimiento a su vida para hacerlo pagar por algún mal grave.

Y hay una parte nuestra que piensa lo mismo, ¿verdad? ¿Quién de nosotros no ha experimentado algo que nos hizo pensar: *finalmente mi error me está pasando factura, ahora lo voy a tener que pagar?*

Hay algo en lo profundo de nosotros que nos dice que recibimos lo que merecemos o que nos merecemos lo que recibimos. Pero ¿es así como funciona en realidad? ¿Nos hace pagar Dios por nuestra desobediencia con sufrimiento?

Quizás nuestro instinto nos dice que así debería funcionar. Pero, a menudo, nuestros instintos son poco fiables. La verdad es que, si pertenecemos a Jesús, nunca debemos atormentarnos por la suposición de que nuestro sufrimiento es la forma que tiene Dios de hacernos pagar por los errores cometidos. Puedes confiar que tu sufrimiento no es un castigo por tu pecado. ¿Cómo lo sé?

Porque alguien ya ha sido castigado por tu pecado.

Todo el castigo por tus malas elecciones, tu abierta rebelión, tu extrema apatía hacia Dios, tus acciones más feas y vergonzosas, todo ha sido cargado sobre Jesús. Él fue castigado por tu pecado para que no tengas que ser castigado.

Él fue castigado por tu pecado para que no tengas que ser castigado.

Ese es el evangelio. Y va en contra de nuestros instintos. Parece demasiado bueno para ser cierto. Jesús ha soportado el castigo que nosotros merecemos y nos ha ofrecido su propio historial de justicia perfecto. Cuando nos ocultamos en la persona de Jesús, no tenemos que temer que Dios descargue su ira sobre nosotros por lo malo que hemos hecho. Dios descargó esa ira sobre Jesús en la cruz para poder descargar su perdón sobre nosotros.

De manera que, si nuestro sufrimiento en la vida no es un castigo por el pecado, ¿qué es entonces? ¿Qué lo provoca? ¿Por qué ocurre?

La causa de nuestro sufrimiento

Aunque nuestro sufrimiento nunca es castigo por nuestro pecado, ciertamente experimentamos las consecuencias naturales de nuestro pecado. Proverbios 22:8 dice: «Los que siembran injusticia cosecharán desgracia». Todos reconocemos que nos atraemos mucho de nuestro sufrimiento por nuestras propias malas decisiones. Dios no se mete para evitar que suframos las consecuencias naturales que nos tocan por vivir como seres humanos imperfectos en este mundo. Y no son solo las consecuencias de nuestros propios pecados las que nos hacen sufrir. A menudo sufrimos las consecuencias naturales del pecado de la gente que nos rodea.

Otras veces, nuestro sufrimiento es sencillamente el resultado natural de vivir en un mundo caído y roto, donde ocurren accidentes y azotan desastres naturales y los cuerpos envejecen. De modo que mucho de nuestro sufrimiento es el resultado de vivir en un mundo que está roto hasta la médula misma por los efectos del pecado.

Hubo un tiempo en que la vida aquí no era así, cuando el dolor no era parte de la experiencia humana. Pero todo cambió cuando nosotros como seres humanos elegimos buscar satisfacción lejos de Dios. El libro de Romanos nos ayuda a entender: «Cuando Adán pecó, el pecado entró en el mundo. El pecado de Adán introdujo la muerte, de modo que la muerte se extendió a todos, porque todos pecaron» (Romanos 5:12). Esta maldición de la muerte llegó más allá del ser humano. Impactó en toda la creación: «Contra su propia voluntad, toda la creación quedó sujeta a la maldición de Dios» (Romanos 8:20).

Nuestro mundo está roto por los efectos devastadores del pecado y, a menudo, experimentamos esa condición en la forma de sufrimiento. La muerte, las enfermedades, la destrucción son el resultado de vivir en un mundo donde el pecado se ha arraigado y ha corrompido todo.

Cuando ocurre algo malo, somos rápidos en enojarnos con Dios y dejarle la culpa de nuestro sufrimiento en el umbral de su puerta. Pero yo, a veces, me pregunto por qué nadie jamás exclama en medio del sufrimiento: «¡Estoy muy enojado con el pecado!». ¿Acaso no deberíamos echar la culpa del sufrimiento donde corresponde? ¿Acaso el sufrimiento de este mundo no debería enojarnos realmente con el pecado y el poder que tiene para dañarnos a nosotros y a nuestros seres queridos? ¿Acaso no debería provocarnos gratitud el hecho de que Dios aborrezca el pecado y el sufrimiento que este causa al punto tal que estuvo dispuesto a enviar a su Hijo a morir para librar este mundo de la maldición y el quebranto del pecado?

Pero yo, a veces, me pregunto por qué nadie jamás exclama en medio del sufrimiento: «¡Estoy muy enojado con el pecado!».

El proceso de librar nuestro mundo de su quebranto comenzó cuando Jesús se hizo carne y cargó la maldición sobre sí mismo. Puso en marcha un proceso de alivio de esa maldición y de restauración de la perfección, pero ese proceso no está terminado. Por ahora, vivimos en un tiempo intermedio hasta que llegue ese día, de manera que el sufrimiento es una amarga realidad del mundo en que vivimos. Como resultado, es de esperar que haya desastres naturales, virus mortales y genes defectuosos. Este mundo está roto y seguirá estando roto hasta que Cristo abra paso a un nuevo cielo y a una nueva tierra en la que no haya maldición.

Además de las consecuencias naturales y las causas naturales, con seguridad parte del sufrimiento es la obra sobrenatural de Satanás. La meta de Satanás es separarnos de Dios. Esto se manifiesta con más claridad en la historia de Job, en la que Satanás vino a Dios a pedirle autorización para dañar a Job en el intento de demostrar que Job era fiel a Dios solo por las bendiciones que él le había dado. Satanás estaba convencido de que, si esas bendiciones desaparecían, Job estaría en contra de Dios, y quería demostrarlo (Job 1:9-11). De la misma manera, Jesús habló sobre la influencia sobrenatural de Satanás en el sufrimiento cuando le dijo a Simón Pedro «Simón, Simón, Satanás ha pedido zarandear a cada uno de ustedes como si fueran trigo; pero yo he rogado en oración por ti, Simón, para que tu fe no falle» (Lucas 22:31-32). Es interesante observar que el propósito de Satanás, tanto en la situación de Job como en la de Pedro, es el mismo y nos dice algo acerca de por qué Satanás produce sufrimiento en nuestra vida. Quiere abrir una cuña entre nosotros y Dios. Utiliza el sufrimiento como instrumento para intentar destruir nuestra fe y confianza en Dios.

Es interesante que el mismo instrumento de sufrimiento que Satanás procura utilizar para *destruir* nuestra fe, en las manos de Dios, sea el instrumento que se propone usar para *desarrollarla*. La misma circunstancia que Satanás envía para tentarnos a rechazar a Dios es la que Dios usa para capacitarnos. Lo que Satanás utiliza para herirnos, Dios lo usa para podarnos.

El autor de Hebreos nos dice que «el Señor disciplina a los que ama» y que «ninguna disciplina resulta agradable a la hora de recibirla. Al contrario, ¡es dolorosa!» (Hebreos 12:6, 11). Esto nos muestra que parte del sufrimiento que experimentamos es en realidad la amorosa disciplina de nuestro Padre. «Lo que soportan es para su disciplina» nos alienta el autor. «La disciplina de Dios siempre es buena para nosotros» (Hebreos 12:10). Obviamente, la disciplina no es agradable en el momento. Se siente como dificultades y pérdida y, con frecuencia, produce dolor. Como hijos de Dios, lo que nos permite soportarla es que, aunque es sufrida, confiamos en que tiene un propósito. Nunca es punitiva. Nunca es al azar. Nunca es demasiado dura. Siempre es por amor. ¿Cuál es el propósito? El deseo de Dios es que «después, produce la apacible cosecha de una vida recta para los que han sido entrenados por ella» (Hebreos 12:11). Dios está obrando, podando las partes muertas y los patrones destructivos en nuestra vida para que podamos florecer y crecer.

De manera que al buscar qué o quién ha traído sufrimiento a nuestra vida, no podemos ignorar la realidad de que, como Dios está en definitiva en control de este mundo y nuestra vida, nada nos sucede que no haya sido designado por él. Reconozco que esta idea incomoda a mucha gente y, la mayoría de nosotros, preferiríamos decir que, aunque Dios «permite» el sufrimiento en nuestra vida, jamás lo iniciaría, ni lo enviaría, ni estaría detrás de este de ninguna manera. Pero eso sencillamente no parece correcto.

Con seguridad, Dios permite el sufrimiento. Lo vemos vez tras vez en la Biblia. Pero también vemos que, con frecuencia, parece tener un papel más activo que simplemente permitirnos experimentar las consecuencias naturales del pecado, los resultados inevitables de la caída de este mundo o los feroces dardos de Satanás.

Así que, aunque no es incorrecto decir que Dios *permite* el mal y el sufrimiento, es inadecuado y, tal vez engañoso, limitar la participación de Dios en el sufrimiento a esa palabra, sugiriendo que solo pasivamente (y quizás con renuencia, esperamos) lo autoriza. De hecho, hay solo un puñado de pasajes bíblicos donde el texto mismo dice que Dios «permitió» o «autorizó» una dificultad o daño, mientras que muchos más indican que Dios envió, designó, trajo, planeó, causó o generó experiencias de sufrimiento a su pueblo con algún propósito (Deuteronomio 32:39; 2 Samuel 12:15; Salmo 66:10-12; Isaías 45:7; Jeremías 46:28; Jonás 2:3; Mateo 4:1; 1 Pedro 3:17).

A lo largo de los siglos, mentes mucho más grandes que la mía han analizado y debatido el papel de Dios en el sufrimiento, y sigue habiendo todavía mucho desacuerdo en cómo articular mejor este misterio santo. Reconozco y respeto que muchos creyentes fieles dicen que Dios solo «permite» el sufrimiento en nuestra vida. A lo mejor parte de nuestra dificultad es la deficiencia de nuestro lenguaje, estamos limitados a meras palabras en nuestro debate sobre el papel de Dios en el sufrimiento, lo que excede a nuestra comprensión y articulación completas.

Pero al tomar las Escrituras al pie de la letra, vemos que Dios no solo permitió muchos de los hechos y acciones que llamaríamos malas o del mal, sino que los envió activamente, los designó, los provocó. Tal vez la mejor palabra es que los *ordenó*, significando que él es la causa primera detrás de todo. Todos sus propósitos se cumplen en nuestro mundo y en nuestra vida por su control primordial y providencial. Aunque Dios nunca comete el mal, ordena que ocurra por medio de causas secundarias, y en el proceso no resulta culpable. Varios ejemplos de la Biblia pueden ayudar a aclarar este punto:

El sufrimiento de José: José fue traicionado por sus hermanos, encarcelado por Potifar, y olvidado por el copero del faraón (Génesis 37; 39—40). Cada uno de ellos fue responsable del mal causado a José. Pero José vio claramente la mano de Dios detrás del sufrimiento provocado por sus hermanos cuando les dijo: «Fue Dios quien me envió a este lugar, ¡y no ustedes! Y fue él quien me hizo consejero del Faraón» (Génesis 45:8), y más tarde: «Ustedes se propusieron hacerme mal, pero Dios *dispuso* todo para bien. Él me puso en este cargo para que yo pudiera salvar la vida de muchas personas» (Génesis 50:20, énfasis agregado). Esto habla de intenciones activas, y no de una mera decisión posterior al hecho, de convertir en bien o usar para bien lo que había permitido. El salmista reflexiona sobre que Dios ordenara esta serie de hechos, diciendo: «[El Señor] mandó hambre a la tierra de Canaán y cortó la provisión de alimentos. Luego envió a un hombre a Egipto delante de ellos: a José, quien fue vendido como esclavo» (Salmo 105:16-17).

El sufrimiento de Job: Satanás pidió permiso a Dios para causar sufrimiento a Job y, efectivamente, Dios lo autorizó. El texto deja en claro que «*Satanás* [...] hirió a Job con terribles llagas en la piel, desde la cabeza hasta los pies» (Job 2:7, énfasis agregado). Pero luego Job dijo: «El Señor me dio lo que tenía, y el Señor me lo ha quitado» (1:21). Más tarde hizo la siguiente pregunta a su esposa: «¿Aceptaremos solo las cosas buenas que vienen de la mano de Dios y nunca lo malo?» (2:10). De manera que, evidentemente, Job veía que su sufrimiento en definitiva provenía de Dios, y Dios lo describió así también, al decirle a Satanás: «Tú me incitaste a que le hiciera daño sin ningún motivo» (2:3). Luego, en el último capítulo de Job, el autor inspirado escribe: «Lo consolaron y lo alentaron por todas las pruebas que *el* Señor había enviado en su contra» (42:11, énfasis agregado). No indica que Dios meramente permitió la aflicción, sino que la «había enviado en su contra».

El sufrimiento del pueblo de Israel: A lo largo del Nuevo Testamento, los hijos de Israel fueron llevados en cautiverio, derrotados en batalla y sufrieron de muchas otras maneras. Con seguridad, sus captores y otros enemigos fueron responsables por el mal y la crueldad que les infringieron. Y, sin embargo, las Escrituras repetidamente describen esas experiencias como el plan preestablecido por Dios, algo que él dispuso que ocurriera, no solo para poner en evidencia su gloriosa naturaleza, sino también para lograr su buen propósito en la vida de su pueblo: para purificarlos y hacer que lo buscaran y volvieran a él. Unos pocos ejemplos: Génesis 15:13-14, donde Dios dice: «Ten por seguro que tus descendientes serán extranjeros en una tierra ajena, donde los oprimirán como esclavos durante cuatrocientos años; pero yo castigaré a la nación que los esclavice, y al final saldrán con muchas riquezas». Deuteronomio 4:27-29 dice: «Pues el Señor los dispersará entre las naciones, donde solo unos pocos sobrevivirán. Allí, en tierra extraña, rendirán culto a ídolos [...]. Sin embargo, desde allí, buscarán nuevamente al Señor su Dios». Números 21:6-7 dice que «el Señor envió serpientes venenosas entre el pueblo y muchos fueron mordidos y murieron. Así que el pueblo acudió a Moisés y clamó: "Hemos pecado"». El Salmo 78:32-39 incluye que «cuando Dios comenzó a matarlos, finalmente lo buscaron». En Jeremías 15:14, 19; Dios dice: «Les diré a tus enemigos que te lleven cautivo a una tierra extranjera. [...] —Si regresas a mí te restauraré para que puedas continuar sirviéndome». Y en Amós 3:6 el profeta hace una pregunta retórica: «¿Llega el desastre a una ciudad sin que el Señor lo haya planeado?».

El sufrimiento de Jesús: Para mí, el argumento más convincente de nuestra limitación de comprensión y lenguaje en cuanto a que Dios solo permite el sufrimiento es lo que Jesús soportó en la cruz. Con seguridad, no sugeriríamos que Dios sencillamente permitió que Jesús fuera crucificado de la misma manera que sugeriríamos que Dios solo permite las pérdidas en nuestra vida. De hecho, sabemos que la cruz era el plan preestablecido de Dios (Juan 12:27; Hechos 2:23; 4:27-28; 1 Corintios 2:7-8) que Jesús llevó a su cumplimiento. Isaías escribe sobre eso en Isaías 53, hablando proféticamente de Jesús: «Formaba parte del buen plan del Señor aplastarlo y causarle dolor» (versículo 10).

Parece intelectualmente deshonesto y escrituralmente desinformado que yo agradezca a Dios y le dé crédito por hacer las cosas que yo llamaría «buenas» y «beneficiosas» en mi vida, pero luego sugiera que tuvo una actitud pasiva en las cosas que yo llamaría «malas» o «dañinas». En lugar de eso, debo reconocer su soberanía suprema sobre toda mi vida: nada me ocurre fuera de su plan predeterminado. Y cuando digo que Dios está redimiendo las cosas duras y dañinas de mi vida (¡y lo digo!), no me refiero a que Dios ande corriendo tras Satanás, otra gente o el quebranto de este mundo para poner orden detrás de ellos, buscando convertir creativamente el sufrimiento en algo bueno después del hecho. Dios lo tenía planeado desde el comienzo para mi bien, él es la causa primera detrás de cualquier otra causa secundaria.

A primera vista, esta es una verdad difícil de entender y a lo mejor todavía más difícil de aceptar. Sin embargo, la alternativa es mucho más perturbadora. Charles Spurgeon lo dijo de esta manera:

> Para mí sería una experiencia muy aguda y penosa pensar que tengo una aflicción que Dios nunca me envió, que la amarga copa nunca fue llenada por su mano, que mis pruebas nunca fueron medidas por él, ni enviadas a mí según su disposición de peso y cantidad... Aquel que no cometió errores al poner en equilibrio las nubes y extender los cielos, no comete errores en la medida de los ingredientes que constituyen la medicina del alma.

Cuando intentamos salvar la reputación de Dios y estar en paz con sus planes insistiendo en que él permite, pero nunca envía las cosas duras y penosas a nuestra vida, minimizamos la soberanía de Dios y, en definitiva, minimizamos la fuente y la seguridad de nuestra esperanza.

Cuando David y yo nos hacemos la pregunta de por qué tuvimos dos hijos que nacieron con un síndrome mortal, creemos que hemos experimentado el resultado natural de vivir en un mundo caído, roto, en el que nuestro cuerpo, nuestro código genético mismo, ha sido corrompido. Y al mismo tiempo, podemos ver cómo Dios ha usado esto para enseñarnos y prepararnos. Y no creemos que lo haya hecho como una ocurrencia posterior. No está tratando de usar de la mejor manera posible una mala situación que estaba fuera de su control, sino que, de hecho, cada día de la vida de Hope y Gabriel, y cada día de nuestra vida, ha sido ordenado por Dios desde antes de la fundación del mundo (Salmo 139:16).

Dios no se sienta como un observador pasivo y permite que las circunstancias o Satanás nos hieran, solo para aparecer después y decir con optimismo: «¡Puedo convertir esto en algo bueno!». Desde el comienzo, Dios tiene un propósito y un diseño para lo que nos ocurre; incluso si lo que nos está ocurriendo no *es* bueno, Dios dispone todo para nuestro bien último.

Sabemos que su amor es un compromiso activo con nuestro bien último y nuestra felicidad eterna.

En definitiva, lo que importa no es que sepamos a qué o a quién asignar la responsabilidad. Lo que importa es que estamos convencidos de que Dios nos ama y que su amor no es simplemente sentimental o un compromiso con nuestra comodidad. Sabemos que su amor es un compromiso activo con nuestro bien último y nuestra felicidad eterna.

Cuando los vientos de dolor y dudas y preguntas y tristeza

soplaban con más intensidad en mi vida, hubo un par de cosas sólidas a las que me aferré que evitaron que fuera arrastrada a alejarme de Dios. Con seguridad, la verdad más significativa a la que me aferré fue una firme creencia en que Romanos 8:28 es cierto en verdad, que Dios puede (y lo hará) usar todo, no importa cuán oscuro sea, para mi bien último porque le pertenezco. Eso no significa que soy ingenuamente optimista respecto de los sufrimientos de la vida, ni que minimizo el mal o el dolor asociado con las heridas de la vida. Lo que digo es que cuando nos aferramos a la confianza en que Dios está usando las peores cosas que podamos imaginar para nuestro bien último, podemos ver la luz al final de la oscuridad. La segunda cosa a la que me he aferrado es mi firme creencia en que Dios me ama. Es su amor lo que me permite aceptar su soberanía.

Y si él puede usar algo tan malo como la cruz de Cristo para tan asombroso bien, también creo que puede usar para bien lo que yo llamaría mal en mi vida.

Y cuando he hallado su amor y su soberanía difíciles de creer, difíciles de aceptar, en medio del sufrimiento, lo que me ha ayudado sobre todo es mirar la cruz. Porque cuando miramos la cruz, vemos la víctima más inocente, el sufrimiento más inmenso, la mayor injusticia, la más hiriente traición, la más grande agonía física y emocional. Claramente la cruz fue el mayor mal de todos los tiempos.

Pero también fue el más precioso regalo que Dios haya dado, el mayor bien jamás logrado. Gracias a la cruz, no recibimos lo que merecemos, el castigo por nuestro pecado. En lugar de eso, recibimos lo que no merecemos, la misericordia y el perdón de Dios. Cuando miramos la cruz, esta nos llena de confianza en que Dios es soberano sobre todo, incluyendo el mal. Y si él puede usar algo tan malo como la cruz de Cristo para tan asombroso bien, también creo que puede usar para bien lo que yo llamaría mal en mi vida.

El propósito de nuestro sufrimiento

Jesús respondió la pregunta de los discípulos acerca de por qué el hombre nació ciego diciendo: «No fue por sus pecados ni tampoco por los de sus padres [...]. Nació ciego para que todos vieran el poder de Dios en él» (Juan 9:3). En un sentido, pareció como si Jesús ignorara la pregunta de por qué había ocurrido eso en términos de qué lo había causado. Es como si Jesús hubiera querido correrlos de buscar la *causa* a buscar el *propósito*. Y lo afirmó claramente: *«para* que la obra de Dios se hiciera evidente en su vida» (NVI, énfasis agregado).

Y es aquí donde debemos acercarnos para escuchar a Jesús hablarnos en medio de nuestro dolor. Porque quiere hacer lo mismo con nosotros. Quiere que dejemos de estar estancados tratando de descubrir la causa de nuestro sufrimiento para que podamos cumplir el propósito que tiene en nuestro sufrimiento. Su propósito para tu sufrimiento y mi sufrimiento es el mismo que para el sufrimiento de ese hombre: que en medio de él exhibamos la obra de Dios en nuestra vida para que el mundo la vea.

Un minuto, queremos decir. *Dios desplegó su poder en la vida de ese hombre dándole la vista, haciendo un milagro.*

La obra de Dios parece obvia en esta historia y en muchas

otras en los evangelios que describen la manera en que Dios sanó milagrosamente a personas e incluso resucitó gente de la muerte. Y parece obvia en la vida de aquellos que nos rodean cuyas relaciones son restauradas, sus esfuerzos ven el éxito y cuyos cuerpos son sanados. Pero es menos obvia en la vida de quienes no recibimos un milagro.

¿No es así?

En algún momento en el tiempo que compartimos con Hope, recuerdo que alguien nos dijo a David y a mí: «Es probable que el milagro no sea que Dios sane a Hope. El milagro será que Dios los sanará a ustedes».

Quien quiera que nos haya dicho eso, tenía razón. El Espíritu de Dios obrando en nosotros para darnos un espíritu de aceptación e incluso de gozo en medio de semejante dolor ha producido nada menos que un milagro. Una esperanza y una paz imposibles de generar y mantener por medios humanos, nos han mostrado que Dios está obrando en nosotros y a través de nosotros de una manera que no podemos explicar ni adjudicarnos el crédito.

Hemos probado el sabor de lo que describe Pablo en 2 Corintios 4:

> *Por todos lados nos presionan las dificultades, pero no nos aplastan. Estamos perplejos pero no caemos en la desesperación. Somos perseguidos pero nunca abandonados por Dios. Somos derribados, pero no destruidos. [...] Es por esto que nunca nos damos por vencidos. Aunque nuestro cuerpo está muriéndose, nuestro espíritu va renovándose cada día.*
>
> 2 CORINTIOS 4:8-9, 16

Experimentar y rebosar de paz cuando la vida se está viniendo abajo a nuestro alrededor, tener la ligereza del gozo cuando el peso del dolor es grande, estar agradecido por lo que Dios ha dado cuando se ha perdido lo que era más precioso para uno, eso es Dios obrando en nuestra vida interior, haciéndose evidente en nuestra vida. Es la luz de Dios que atraviesa la oscuridad de este mundo.

Con seguridad todo esto es parte del propósito de Dios para el sufrimiento y el dolor en tu vida.

¿Puedes escuchar a Jesús en medio de tu dolor, diciéndote que tiene un propósito para tu tristeza, un buen propósito que infundirá sentido en tu pérdida mientras muestras al mundo la diferencia que hace una relación con Jesús en los momentos más tristes de la vida?

Sinceramente, he llegado a pensar que buscar una respuesta específica a la pregunta de *¿Por qué?* es más que nada una búsqueda insatisfactoria. Lo que buscamos en realidad no es una explicación, sino algún sentido. Queremos saber que hay un sentido y un propósito en nuestras pérdidas, que no son al azar ni inútiles. Queremos ver la forma en que Dios está usando nuestra pérdida para bien.

A veces, Dios en su bondad corre la cortina y nos muestra, vemos cómo está usando nuestra pérdida en nuestra vida o en la vida de quienes nos rodean. Otras veces, tenemos que esperar. Con seguridad no podemos esperar ver los propósitos completos de Dios en esta vida.

Ahí es donde hace falta la fe, fe en que Dios está obrando todas las cosas para bien de aquellos que lo aman, fe en que vendrá un día en que lo que no podemos ver ahora se volverá claro, fe en que él nos dará la gracia que necesitamos para exponer su gloria a la vista del mundo.

Dándote más de sí mismo

❧

Cuando me pides que bendiga tus planes y tus proyectos, me pregunto si sabes en realidad lo que estás pidiendo. Ser bendecido es experimentar y saber más de mí. Pedirme que bendiga tus esfuerzos y tu vida es invitarme al centro de ella. Esa es la esencia de la bendición, el gozo en ella. ¡Ah! ¡Cuánto anhelo bendecirte! Quiero compartir de mi abundancia, una bendición de gracia tras otra.

Ser bendecido es estar profundamente seguro y feliz en mí. Es hacer tu hogar tan seguro en mí que nada puede sacudirlo. Puedes ser bendecido en medio de una situación desdichada porque ser bendecido no significa que no tengas problemas o luchas o sufrimiento; no significa que siempre tengas éxito y comodidad. Significa que en medio de los problemas y la lucha y el sufrimiento, te halles plenamente seguro, profundamente feliz y satisfecho en mí.

Conocerme, caminar conmigo y compartir la vida conmigo es la esencia de la bendición. Y la verdad es que son las cosas difíciles de tu vida las que hacen que quieras conocerme más íntimamente, caminar conmigo más estrechamente y compartir la vida conmigo más plenamente. Es por eso que en las pérdidas de la vida puedes encontrarte bendecido más allá de lo que imaginas o esperas. Porque has hallado más de mí en esos momentos difíciles. Has pasado de solo escuchar mi Palabra a vivirla, poniéndola a prueba. Estás descubriendo que dar es mejor que recibir, que la dependencia es mejor que la autosuficiencia, que la confianza es mejor que la preocupación. Has descubierto que mi Palabra es verdad, mi gozo es tu fortaleza, mis promesas tu esperanza, mi presencia tu consuelo.

Quizás otros vean el dolor de tu situación y expresen su lamento. Pero cuando llegas al fondo de tu pena y hallas más de mí de lo que has experimentado y conocido antes, puedes mirar a otras personas a los ojos y decir: «Por favor, no sientan pena por mí. Soy increíblemente bendecido» y decirlo en serio.

Adaptado de Juan 1:16; 20:29; Mateo 16:17; Lucas 11:28; 1:45; Mateo 5–7; Hechos 20:35; Filipenses 4:11-13

CAPÍTULO 7

ESCUCHA A JESÚS DICIENDO:
Te daré un corazón dispuesto a perdonar

«Cuando estén orando, primero perdonen a todo aquel contra quien guarden rencor, para que su Padre que está en el cielo también les perdone a ustedes sus pecados». MARCOS 11:25

Jesús nos empodera para que podamos
perdonar a quienes no lo merecen.

No sé a ti, pero a mí el tema del perdón me pone un poco incómoda. Es un área de permanente lucha en mi vida. Sé lo que es estar tan profundamente resentida que la mera sugerencia de que debo perdonar me resulta repulsiva. Sé lo que es querer aferrarse a la ira injustificada y la supuesta superioridad moral. A menudo, me encuentro ensayando conversaciones con quienes me han ofendido en las que sutilmente les expongo la absoluta corrupción de lo que han dicho o hecho. Mentalmente las dejo fuera de combate con mis palabras. Porque quiero que sufran como me hicieron sufrir a mí. De alguna manera me autoconvencí de que eso me dará placer. Y más todavía, me convenzo de que estaría bien y sería justo ponerles los puntos sobre las íes.

Pero luego leo: «Cuando estén orando, primero perdonen a todo aquel contra quien guarden rencor, para que su Padre que está en el cielo también les perdone a ustedes sus pecados» (Marcos 11:25). Cuando escucho a Jesús diciéndome que perdone a todo aquel con quien he desarrollado una lucha antes de pretender sentirme cómoda en su presencia, no disfruto particularmente la idea de lo que eso puede implicar para mí. Y cuando escucho a Jesús decir que no puedo esperar que Dios perdone mis pecados si me niego obstinadamente a extender mi perdón a otros, me siento arrinconada en un lugar incómodo.

¿Qué debemos hacer, entonces, con las instrucciones repetidas de Jesús de perdonar, que encontramos en los Evangelios? ¿Cómo podemos esperar vencer alguna vez nuestra resistencia interna a abandonar el resentimiento que se ha instalado cómodamente en nuestro corazón?

Perdonar nos costará algo. Y creo que Jesús diría: «Sí, efectivamente costará. Pero valdrá la pena. Lo sé. He pagado el precio por el perdón con mi propia vida».

Perdonar requiere un milagro. Y creo que Jesús diría: «Sí, efectivamente lo requerirá. De modo que me necesitarás como nunca antes. Y estoy aquí, ofreciendo mi Espíritu para lograr nada menos que algo sobrenatural».

¿Y qué pasa cuando tu resentimiento es justificable?

Mucho de lo que Jesús dice en los evangelios sobre el perdón se refiere a aquellos que han pecado contra nosotros. Por ejemplo, en determinado momento Pedro vino a Jesús con esta pregunta:

> —*Señor, ¿cuántas veces debo perdonar a alguien que peca contra mí? ¿Siete veces?*
> —*No siete veces* —*respondió Jesús*—, *sino setenta veces siete.*
>
> MATEO 18:21-22

Ahí me freno porque comprendo que sería difícil categorizar como pecados contra mí muchas cosas que me ha costado perdonar en otros ¿Desprecio? Sí. ¿Insensibilidad? Sí. ¿Egoísmo? Sí, seguro (desde mi punto de vista). Pero ¿pecado?

Si esas ofensas no llegan al nivel de pecado contra mí, ¿por qué me hieren tanto?

A lo mejor en otros momentos de mi vida ni siquiera hubiera notado esas ofensas. No les hubiera dado importancia, las hubiera ignorado, las hubiera pasado por alto, a lo mejor incluso me hubieran hecho reír. Pero no cuando estoy fuera de juego por el dolor.

Todos sabemos lo que es tener una quemadura o una herida física y descubrir por primera vez lo mucho que usamos esa parte del cuerpo. La parte afectada pudo haber sido golpeada o raspada infinidad de veces antes de estar inflamada, pero nunca lo habíamos notado en realidad. Ahora estamos mucho más sensibles. Notamos cada vez que alguien nos toca por descuido. Tenemos la sensibilidad aumentada y cualquier roce nos duele.

Así es cuando se nos ha roto el corazón, cuando nuestro interior ha quedado en carne viva por dificultades o desilusiones o la muerte de un ser querido. Estamos mucho más sensibles a los comentarios desconsiderados o el menosprecio de otros. Esperamos más de quienes nos rodean y nos sentimos desconcertados y ofendidos cuando no lo recibimos.

Y, de alguna manera, en medio de tanto dolor emocional, uno se siente bien dando lugar al enojo. Hasta se puede sentir *correcto* dar lugar al enojo. Surge un sentido de «no debería ser así» en nosotros, y nos embarcamos en la misión de poner las cosas como corresponde o, por lo menos, asegurarnos de que los otros sepan que han hecho algo malo.

> *Y, de alguna manera, en medio de tanto dolor emocional, uno se siente bien dando lugar al enojo.*

Por supuesto, muchos de nosotros hemos experimentado heridas mucho más profundas que ser simplemente ignorados u ofendidos. Esas heridas más profundas, como la traición, el abandono, el abuso, hacen que el perdón sea todo un desafío o, directamente, algo que parezca imposible. Cuando alguien que debía estar con nosotros no aparece, cuando alguien que debe estar de nuestro lado se vuelve en contra de nosotros, duele. Profundamente. Indeciblemente.

Hace poco pasé tiempo con una mujer que perdió su hijo en un accidente automovilístico y, aunque ha encontrado mucha sanidad de la herida de su pérdida, sigue teniendo una ira ardiente muy profunda contra el conductor, que estaba muy alcoholizado y nunca se ha disculpado. Hace poco estuvo frente a frente con él en una tienda de comestibles y tuvo que mover su carrito e irse hacia otro lado. No la culpo, ¿la culparías tú?

Seguramente, Jesús no tenía en mente ese tipo de dolor cuando dijo: «Si tienen algo contra alguien, perdónenlo» (Marcos 11:25, NVI) ¿Acaso no sabía que las personas así *no merecen* ser perdonadas?

Sí, lo sabe. Porque él ha perdonado a personas que apenas han empezado a ver cuán profundamente lo han ofendido, gente que sigue cometiendo las mismas ofensas vez tras vez sin siquiera pensarlo, gente que sencillamente no merece ser perdonada. Personas como yo. Y como tú.

El domingo pasado por la mañana, durante la Comunión en nuestra iglesia, me llamó la atención un pasaje que citó el pastor: «Después tomó la copa, dio gracias, y se la ofreció diciéndoles: —Beban de ella *todos ustedes*. Esto es mi sangre del pacto, que es derramada *por muchos* para el perdón de pecados» (Mateo 26:27-28, NVI, énfasis agregado).

Me conmovió la abierta generosidad del perdón de Jesús. Jesús estaba a pocas horas de la cruz, donde el castigo por el pecado caería sobre él y lo consumiría. Sabía lo que le costaría ofrecerte a ti y a mí el perdón por lo que hemos cometido y por quienes somos. Y, en su bondad y generosidad, estaba dispuesto a absorber el dolor y ofrecer el generoso perdón. No hubo mezquindad ni vacilación, ninguna frialdad hacia nosotros, ninguna determinación de hacernos pagar por lo que hicimos. Estaba dispuesto a pagar el costo requerido para nuestro perdón.

Y, es solo al ver claramente tanto la enormidad de nuestra ofensa contra él, como la generosidad de su perdón hacia nosotros, que podemos comenzar a aflojar la amargura que atenaza nuestro corazón.

Eso es sin duda lo que Jesús tenía en mente cuando contó la parábola del deudor que no perdonó en Mateo 18:21-35. En realidad, hay dos deudores en la historia, la diferencia está en el monto que cada uno debe. La deuda que tenía el siervo con el rey no era solo grande; era un monto de dinero inaccesible, más de lo que podía ganar en su vida, imposible de saldar para él. La deuda que tenía el otro siervo con su compañero correspondía aproximadamente al salario de tres meses, una suma ridícula en comparación con la deuda que se le había perdonado al primero.

El generoso perdón del rey hacia el siervo ilustra la abundancia del perdón de Dios hacia nosotros. Su misericordia nos libera de la prisión de una situación sin esperanza visible, una deuda impagable. De la misma manera, la falta de disposición del primer siervo para perdonar la pequeña deuda de su compañero siervo es una figura poco halagadora de nuestros obstinados resentimientos y nuestra determinación de hacer que otros paguen por lo que han hecho.

Cuando logramos entrever lo mucho que Dios nos ha perdonado, cuando comprendemos que la deuda que tenemos con él es imposible de pagar por nuestra cuenta, comenzamos a encontrar un punto de apoyo para perdonar a otros. Pero hasta entonces, podemos sentirnos justificados a negarnos a perdonar a otro eternamente. Las deudas de otros, tan grandes desde nuestra perspectiva, empequeñecen cuando las vemos en comparación con nuestras enormes ofensas a Dios.

La parábola de Jesús termina así: «Y, enojado, su señor lo entregó a los carceleros para que lo torturaran hasta que pagara todo lo que debía. Así también mi Padre celestial los tratará a ustedes, a menos que cada uno perdone de corazón a su hermano» (versículos 34-35, NVI). Vemos aquí, una vez más, una conexión entre nuestra disposición a perdonar a otros y la disposición de Dios a perdonarnos a nosotros. ¿Cuál es exactamente la conexión? ¿Quiere en realidad Jesús expresarlo de forma tan tajante? ¿Quiere en realidad decir que si nos negamos a perdonar a otros, él no nos perdonará a nosotros?

Aunque esta parábola no calza cómodamente en nuestros esquemas de lo que significa ser parte de la familia de Dios, sencillamente no podemos diluirla para debilitar su mensaje claro y convincente. Jesús está diciendo que, si en realidad entramos a su reino, estaremos respirando en una atmósfera de perdón generoso e incluso sacrificial. Nuestra negativa a perdonar a otro es una evidencia de que no estamos viviendo y respirando esa atmósfera. Revela que no valoramos el perdón y que no hemos sido cambiados interna y verdaderamente por él. A lo mejor hemos estado expuestos al perdón, pero no lo hemos experimentado de primera mano.

Sencillamente, no podemos decirle a Dios: «Recibo tu perdón por mi pecado, pero no puedo perdonar a este compañero pecador».

Cuando Jesús nos enseña a orar, dice: «perdónanos nuestros pecados, así como hemos perdonado a los que pecan contra nosotros» (Mateo 6:12). El perdón fluye del corazón que ha conocido y disfrutado del perdón. Y una persona que ha experimentado de verdad la misericordia

> *Sencillamente, no podemos decirle a Dios: «Recibo tu perdón por mi pecado, pero no puedo perdonar a este compañero pecador».*

de Dios, será misericordiosa. Nuestra experiencia de perdón nos permite decir: «Como Jesús me ama y me perdona, yo también te perdono» y decirlo en serio.

Pero ¿cómo hacerlo cuando hemos sido heridos tan profundamente?

¿Cuál es el costo de perdonar?

Lo que a menudo nos hace tropezar en el camino del perdón es nuestro sentido de justicia. No parece nada justo que alguien que nos ha herido pueda simplemente «salirse con la suya». ¿Cómo podemos perdonar cuando esa persona no lo merece y ni siquiera ha reconocido lo que hizo mal? Tememos que si perdonamos sea como decir que lo que la persona hizo en realidad no importa, que es justificable o es poca cosa.

Pero perdonar no es minimizar lo que alguien ha hecho. El verdadero perdón es mucho más costoso que eso. Dice: «Me has herido profundamente, pero no te lo voy a hacer pagar. Lo voy a pagar yo. Ya no me debes nada, ni siquiera una disculpa». Perdonar es elegir absorber el dolor y pagar tú mismo la deuda que se te debe con toda justicia, pidiéndole a Dios que haga una obra de gracia y calme el terrible enojo de tu corazón. El proceso de perdón puede llevar a una conversación sincera con la persona que te ha herido, en un esfuerzo por restaurar la relación y cerrar el círculo con la reconciliación, pero esa conversación no será una confrontación destinada a lograr cierta satisfacción haciendo que la otra persona se vea expuesta o denigrada. Sabemos que estamos preparados para esa conversación cuando ya no sentimos asomar esa punzada interior al recordar lo que ha pasado. Estamos preparados para conversar con esa persona cuando nos mueve un deseo de reconciliación, no de condenación. En mi experiencia, eso puede llevar tiempo, a veces, mucho tiempo.

Jesús dice que para llegar a ese punto, tenemos que estar menos centrados en lo que la persona ha hecho para herirnos o en lo que merece y más enfocados en nosotros mismos. En Lucas 17, cuando Jesús le habla a la persona que ha sido herida por otra, su primera instrucción es: «Miren por ustedes mismos» (versículo 3, RVA-2015).

Jesús dice que, para llegar a ese punto, tenemos que estar menos centrados en lo que la persona ha hecho para herirnos o en lo que merece y más enfocados en nosotros mismos.

¿Por qué, aunque seamos la parte herida, la que está en lo correcto, necesitamos mirarnos a nosotros mismos?

Necesitamos cuidar nuestro corazón para que no se convierta en terreno fértil para una raíz de amargura, que puede llegar muy profundo y tender sus zarcillos alrededor de nuestros pensamientos y sentimientos, y nuestras acciones y reacciones, al punto de quedar atrapados por nuestro propio resentimiento. Necesitamos vernos claramente, nuestras propias fallas, nuestra propia parte en el conflicto. Necesitamos ser penosamente honestos con las cosas desconsideradas, incluso crueles, que hemos dicho y hecho a otros. Necesitamos mirarnos para ver las vigas en nuestros propios ojos (Mateo 7:3-5, NVI) antes de juzgar a la ligera las faltas de las personas que nos han herido.

Recuerdo haber llegado a una comprensión humillante en un punto de nuestro tiempo con Hope. Yo estaba muy sensible a lo que decía —y no decía— la gente. Sabía quién se había acercado y quién no. Me preguntaba cómo y por qué algunas personas se retraían al intentar expresar su preocupación por Hope y por nosotros. Luego vi una amiga cuyo padre había fallecido hacía poco. Y descubrí que yo nunca le había dicho nada acerca de su pérdida. Había tenido la intención. Compré una tarjeta. Pero nunca la mandé. Y después de un tiempo sencillamente supuse que, con toda la gente que le había expresado su amor y su preocupación por el fallecimiento de su padre, ella no se percataría de no haber oído nada de mi parte.

Comprendí entonces que yo había sido ingenuamente inconsciente del profundo dolor que experimenta la gente cuando tiene una pérdida y que raramente había salido de mi zona de comodidad para ofrecer palabras de consuelo. Mirar fríamente mis propias fallas y mi ceguera me ayudó a aceptar a quienes eran tan desatentos en torno a mí como yo lo había sido. Dejé de esperar que la gente que me rodeaba se diera cuenta y en lugar de eso me recordaba a mí misma: *No han pasado por esto. No pueden saber lo que se siente.* Se me partió el corazón al pensar: *¿Cuántas personas habré herido a lo largo de los años por no estar dispuesta a entrar con ellos en su dolor?*

Mirarnos a nosotros mismos nos da perspectiva y nos mantiene humildes. Mirarnos a nosotros mismos nos ayuda a moderar nuestro enojo. Cuando nos miramos a nosotros mismos, tenemos menos tiempo y energía para hacer juicios generalizados acerca de los motivos dolorosos y la falta total de consideración en el corazón de otra gente. Mirarnos a nosotros mismos evita que estemos enfocando las faltas de otros mientras nos olvidamos de las nuestras.

Al mirarnos a nosotros mismos, comenzamos a ver nuestro resentimiento como el verdadero tema de nuestra vida, el pecado del que somos responsables. Comenzamos a reconocer que no es lo que otra persona dijo o hizo lo que nos priva del gozo, sino los propios rencores que hemos encendido y mantenido. Y decidimos dejar de arrojar leña a ese fuego.

Apagamos las grabaciones que continúan pasando las escenas penosas una y otra vez en la memoria de nuestra alma, renovando cada vez la punzada de dolor.

Al mirarnos a nosotros mismos, comenzamos a ver nuestro resentimiento como el verdadero tema de nuestra vida, el pecado del que somos responsables.

Dejamos de albergar pensamientos sobre lo bueno que sería ver a esas personas retorciéndose bajo nuestros argumentos irrefutables. Dejamos a un lado nuestras armas de frialdad y desprecio. Dejamos de construir planes para vengarnos y, en lugar de eso, comenzamos a pensar cómo bendecir a esas personas. En lugar de alegrarnos cuando ellas sufren, nos permitimos acompañarlas en su tristeza. Tratamos de imaginar alguna forma de expresar amor de manera significativa y, luego, lo hacemos sin ostentación. Nos negamos a seguir mortificándonos en la injusticia de lo ocurrido y, en lugar de eso, elegimos confiar en Dios para tener justicia, sabiendo que él arreglará las cuentas por nosotros con mucha más justicia de lo que nosotros lo haríamos. Nos arrepentimos del orgullo y la superioridad que nos hacen pensar para nosotros, y a lo mejor hasta decir en voz alta, *¡yo jamás haría eso!*

¿Parece un mandato demasiado difícil? ¿Demasiado sacrificado?

Tiene que haber dado esa impresión cuando Jesús les dijo a sus discípulos que perdonaran. Su respuesta inmediata fue: «Muéstranos cómo aumentar nuestra fe» (Lucas 17:5). Pero Jesús les dijo que no era más fe lo que necesitaban, ya tenían la suficiente. Dijo:

> —Si tuvieran fe, aunque fuera tan pequeña como una semilla de mostaza, podrían decirle a este árbol de moras: "Desarráigate y plántate en el mar", ¡y les obedecería!
>
> LUCAS 17:6

En cierto sentido, aprecio que Jesús comparara el milagro que requiere que seamos capaces de perdonar con una morera que se desprende de la tierra y se lanza al océano.

Lo que Jesús estaba diciendo es que, si el evangelio tiene siquiera un mínimo lugar en nuestro corazón, tenemos lo que necesitamos para perdonar. Si tenemos la suficiente fe como para creer que Dios ha perdonado nuestra inmensa deuda de pecado, tenemos lo necesario para perdonar a otros.

Para perdonar, necesitamos ojos de fe para ver nuestro pecado del que no hemos comenzado a arrepentirnos todavía y el gran perdón de Dios que no merecemos. Una comprensión apenas del tamaño de una semilla de mostaza del perdón que Dios nos ha otorgado es suficiente para abrir nuestro corazón a la enormidad de nuestro propio pecado y a la grandeza de la misericordia de Dios, y así, permitirnos extender esa misericordia a alguien que nos ha herido u ofendido.

Para perdonar, necesitamos una fe determinada a creer que

Dios hará justicia y que no es asunto nuestro. Necesitamos una fe humilde para seguir el ejemplo de Jesús quien «No respondía cuando lo insultaban ni amenazaba con vengarse cuando sufría. Dejaba su causa en manos de Dios, quien siempre juzga con justicia» (1 Pedro 2:23).

Para perdonar, necesitamos una fe valiente para acercarnos a Dios dando un paso en dirección a quienes nos han herido. Preferiríamos cerrarles la puerta y mantener distancia. En lugar de eso nos involucramos con ellos porque queremos seguir el consejo de Pablo: «Hagan todo lo posible por vivir en paz con todos» (Romanos 12:18).

Para perdonar, necesitamos una fe llena de confianza en que la satisfacción de complacer a Dios será mayor que el placer de poner a esa persona en su lugar, forzándola a ver su egoísmo, arruinando su reputación, haciéndola sufrir como nos hizo sufrir a nosotros.

> *Jesús quiere ayudarnos a ser tan perdonadores como lo es él.*

Y Jesús nos ha dado precisamente ese tipo de fe —por lo menos una porción del tamaño de una semilla de mostaza.

Jesús quiere ayudarnos a ser tan perdonadores como lo es él, pero sabe que no podemos hacerlo solos. Pero si estamos en él, no estamos solos.

Empoderándote para perdonar

❧

Sé que no tienes en tu persona lo que necesitas para perdonar, pero mi Espíritu Santo en ti puede darte el poder que necesitas cuando te sometes a su obra en ti. Yo comencé esa buena obra en ti al otorgarte un gran perdón y seré fiel en completarla hasta que desborde hacia aquellos que te hieren.

Estoy trabajando para crear un corazón nuevo y tierno que te permita perdonar en lugar de ese viejo y endurecido corazón que tienes. Si le das la bienvenida para trabajar, mi Espíritu generará fruto en tu vida interior, acciones de amor en lugar de pensamientos de odio, interacciones gozosas en lugar de evasiones incómodas, ideas de paz en lugar de turbulencia interior, paciencia en lugar de frustración, amabilidad en lugar de frialdad, bondad en lugar de venganza, respuestas agradables en lugar de palabras duras, resistencia llena de confianza en lugar de abandono y autocontrol en lugar de sometimiento a las reacciones naturales.

¿Vale la pena aferrarse a ese resentimiento si es una barrera entre tú y quien te ha herido, como así también entre tú y yo? ¿Estarías dispuesto a soltarlo para poder aferrarte a una vida libre de esa pesada carga de resentimiento, una vida tan llena de gratitud por haber sido perdonado, que el perdón se desborde sobre todos los que te rodean?

Como me perteneces, toda esa pasión por protegerte a ti mismo que alimenta la llama ardiente bajo tu resentimiento ha sido clavada en la cruz y crucificada, extinguida. Sigue entonces la guía del Espíritu y suéltate. Estaré contigo cada paso del camino, proveyendo la gracia que necesitas para perdonar cabalmente.

Adaptado de 2 Pedro 1:3; Filipenses 1:6; Romanos 8:13; Ezequiel 36:26; Gálatas 5:16-26; Mateo 6:14-15; Colosenses 3:13; 2 Corintios 12:9

CAPÍTULO 8

ESCUCHA A JESÚS DICIENDO:
Soy suficiente para ti

«Mi gracia es todo lo que necesitas;
mi poder actúa mejor en la debilidad». 2 CORINTIOS 12:9

Jesús provee lo que necesitamos cuando lo necesitamos.

Cuando David y yo le contamos a la gente nuestra experiencia con Hope y Gabriel, con frecuencia sentimos que solo pueden imaginar el dolor por el que pasamos. Nos gusta decirles que, aunque puede ser difícil de entender, junto con el dolor experimentamos mucho gozo. Durante los días que Hope y Gabriel estuvieron con nosotros, no todo fue sufrimiento.

Mientras estuvieron con nosotros, había una riqueza real en nuestra vida. Nunca sabíamos cuál sería su último día, y eso agregaba intensidad a cada día.

Rara vez teníamos conversaciones sin sentido. Hablábamos con todos los que nos rodeaban sobre cosas que importan de verdad, como qué hace valiosa una vida, lo que significa confiar en Dios y lo que significa amar y ser amado.

En los días que Hope nos acompañó, y en las primeras semanas después de que nos dejó, recuerdo haberme sentido llena: llena de perspectiva, de comprensión y de propósito. Nos había enseñado mucho y nos había despertado del letargo de vivir de memoria. Nos sentimos enriquecidos por la experiencia con ella porque había abierto nuestro corazón y nuestro pensamiento, y los había llenado con sentido e intencionalidad.

Pero después, con el paso del tiempo, se fue instalando la tristeza, una tristeza profunda y penetrante que me acompañaba a todas partes e interrumpía tanto los momentos más rutinarios como las interacciones más intensas. Las lágrimas siempre estaban al borde de la superficie. Era como si llevara una carga pesada en el pecho y siempre estuviera luchando por respirar.

Algunos meses después, aunque Hope me había dejado con ese sentido de plenitud, me sentía completamente vacía, carente de propósito, falta de energía, sin perspectiva y sin posibilidad de encontrarle ningún sentido a lo que había pasado.

La mayoría de nosotros sabemos lo que es estar lleno: lleno de ideas y de promesas, tener mucho entre manos.

Se siente bien.

Pero ahora sabíamos lo que era estar vacíos. Y eso no se siente bien.

Uno de los principales ingredientes del dolor es el vacío; el profundo y devastador vacío que dejan las promesas vacías, los brazos vacíos, el vientre vacío, una cuenta de banco vacía, un lugar vacío en la mesa, una cama vacía, un cuarto vacío.

Pero por mal que se sienta el vacío, a veces el vacío es bueno en sí. Dios puede trabajar en el vacío. Vez tras vez en la Biblia vemos que Dios llena el vacío con su poder y su vida.

> *La tierra era un caos total,*
> *   las tinieblas cubrían el abismo,*
> *y el Espíritu de Dios se movía*
> *   sobre la superficie de las aguas.*
> *Y dijo Dios: «¡Que exista la luz!»*
> *   Y la luz llegó a existir.*
>
> GÉNESIS 1:2-3, NVI

> *Fue por la fe que hasta Sara pudo tener un hijo, a pesar de ser estéril y demasiado anciana. Ella creyó que Dios cumpliría su promesa. Así que una nación entera provino de este solo hombre, quien estaba casi muerto en cuanto a tener hijos; una nación con tantos habitantes que, como las estrellas de los cielos y la arena de la orilla del mar, es imposible contar.*
>
> HEBREOS 11:11-12

> *Al día siguiente, se celebró una boda en la aldea de Caná de Galilea. La madre de Jesús estaba presente, y también fueron invitados a la fiesta Jesús y sus discípulos. Durante la celebración, se acabó el vino, entonces la madre de Jesús le dijo: —Se quedaron sin vino. [...] Cerca de allí había seis tinajas de piedra, que se usaban para el lavado ceremonial de los judíos. Cada tinaja tenía una capacidad de entre setenta y*

cinco a ciento trece litros. Jesús les dijo a los sirvientes:
«Llenen las tinajas con agua». Una vez que las tinajas
estuvieron llenas, les dijo: «Ahora saquen un poco
y llévenselo al maestro de ceremonias». Así que los
sirvientes siguieron sus indicaciones. [...] El maestro
de ceremonias probó el agua que ahora era vino.

JUAN 2:1-3, 6-9

El vacío puede ser bueno cuando, en nuestro vacío, venimos a Jesús para ser llenados.

> *El vacío puede ser bueno cuando, en nuestro vacío, venimos a Jesús para ser llenados.*

Cuando lo hacemos, tenemos la oportunidad de descubrir por nosotros mismos que Jesús en realidad puede llenarnos, que puede ser suficiente para nosotros.

La experiencia de vacío de Pablo

El apóstol Pablo conocía el vacío. Sabía lo que era tener el estómago vacío, la billetera vacía y algo mucho peor. En 2 Corintios 11:24-27 describe una tras otra las dificultades que había experimentado:

> *En cinco ocasiones distintas, los líderes judíos me dieron*
> *treinta y nueve latigazos. Tres veces me azotaron con*
> *varas. Una vez fui apedreado. Tres veces sufrí naufragios.*
> *Una vez pasé toda una noche y el día siguiente a la*
> *deriva en el mar. He estado en muchos viajes muy largos.*
> *Enfrenté peligros de ríos y de ladrones. Enfrenté peligros*
> *de parte de mi propio pueblo, los judíos, y también de*

los gentiles. Enfrenté peligros en ciudades, en desiertos y
en mares. Y enfrenté peligros de hombres que afirman
ser creyentes, pero no lo son. He trabajado con esfuerzo
y por largas horas y soporté muchas noches sin dormir.
He tenido hambre y sed, y a menudo me he quedado
sin nada que comer. He temblado de frío, sin tener
ropa suficiente para mantenerme abrigado.

Parece mucho más de lo que una sola persona debería soportar ¿no es así? ¿Habrá querido Pablo decirle a Dios: «¡Ya basta! ¿No podrías enviar los naufragios y las prisiones a algún otro?». Tendemos a pensar que una vez que tuvimos nuestra parte, deberíamos tener licencia de cualquier otro sufrimiento. Parece injusto tener que soportar prueba tras prueba sin ningún alivio. Me pregunto si Pablo se sintió así alguna vez.

Porque a pesar de todo lo que había sufrido Pablo, le esperaba más sufrimiento todavía. Lo expresa en una carta a la iglesia de Corinto: «una espina me fue clavada en el cuerpo», escribió (2 Corintios 12:7, NVI).

No sabemos exactamente qué era la espina en la carne de Pablo, pero sabemos que era mucho más que una leve molestia. La palabra griega para «espina» es literalmente *estaca*: una vara de madera afilada que se utilizaba para empalar a alguien. De manera que cualquiera fuera su lucha, Pablo se habrá sentido empalado por ella, atravesado por ella. Está claro que alguien que estaba dispuesto a soportar palizas repetidas y naufragios, apedreamientos, hambre y frío, no suplicaría a Dios una y otra vez que le quitara una molestia menor. Cualquiera fuera la espina, le producía una agonía permanente.

Queremos preguntar: *¿Por qué enviaría Dios dificultad tras difi-cultad sobre Pablo? ¿Acaso no había soportado ya demasiado?*

Pero es interesante que Pablo no preguntara por qué. Sabía exactamente por qué se le había dado esa espina en la carne. «He recibido de Dios revelaciones tan maravillosas [...] *para impe-dir que me volviera orgulloso*, se me dio una espina en mi carne» (2 Corintios 12:7, énfasis agregado).

Pablo había tenido la asombrosa experiencia de ser introdu-cido en el meollo de la realidad espiritual última más allá de este mundo. La cortina del cielo se corrió, y Pablo fue llevado a una visita guiada personal (2 Corintios 12:2). Era el tipo de experien-cia que podría superar cualquier pretensión de otros de tener una conexión especial con Dios, algo que podía sacar a relucir para aca-llar cualquier pregunta sobre su autoridad. Era el tipo de credencial que podía inflamar el orgullo espiritual de una persona.

Y, evidentemente, Pablo estaba consciente de su susceptibilidad a la tentación del orgullo. Estar consciente de este tipo de punto débil le permitía ver su penosa aflicción como la provisión de Dios para protegerlo de lo que sería aún más penoso y destructivo: utili-zar su increíble experiencia espiritual para ser bien visto.

Pablo veía la espina y reconocía en ella la mano amorosa de Dios en su vida para evitar que cayera en el pecado de la jactan-cia. Y, al mismo tiempo, en la misma espina veía la mano des-tructiva de Satanás intentando causar daño a su fe. Llamó a la espina en su cuerpo un «mensajero de Satanás para atormentarme» (2 Corintios 12:7). La tentación de resentirse con Dios por per-mitir que la espina le atravesara la vida ya cargada de dolor ator-mentaba a Pablo.

Con frecuencia, queremos precisar una fuente particular de nuestro sufrimiento. ¿Fue Dios quien me hizo esto? ¿Me lo provoqué yo mismo? ¿O es que hay alguna fuerza maligna obrando en mi vida? La experiencia de Pablo nos muestra que lo que manda Satanás para destruir nuestra fe puede, al mismo tiempo, ser enviado por Dios para desarrollar nuestra fe. Lo que nos inflige Satanás en el intento de que nos alejamos de Dios por resentimiento, Dios lo destina a fortalecernos cuando acudimos a él en sincera dependencia.

Pero incluso cuando Pablo sabía de dónde provenía su dolor y por qué lo tenía, en definitiva no importaba porque él sencillamente quería que desapareciera, tal como queremos nosotros. Queremos que Dios se meta en nuestro mundo y detenga el dolor.

Seguramente Pablo habrá pensado en todas las veces que Dios se había presentado de manera sobrenatural en el pasado. Había sido repentinamente enceguecido en el camino a Damasco y, luego, experimentado la caída de las escamas de los ojos permitiéndole recobrar la vista (Hechos 9:1-19). Había ordenado a un espíritu maligno salir de una niña esclava (Hechos 16:16-18). Había traído de vuelta a la vida a un hombre llamado Eutico después de que se cayó de la ventana de un tercer piso (Hechos 20:9-10). Había puesto las manos sobre un hombre con fiebre y disentería, generando su sanidad (Hechos 28:8).

Pero esos milagros pasados ¿acaso no aumentarían la lucha de Pablo cuando se preguntaba por qué Dios, al parecer, no se le presentaba ahora? ¿Dónde estaba el toque sanador de Dios para Pablo, que había sido el canal de sanidades milagrosas para otros?

Pablo le pidió a Dios que le quitara aquello que le provocaba ese terrible dolor. Luego volvió a pedirle. Y otra vez. Y finalmente escuchó a Jesús mismo hablándole. Pero lo que Jesús le dijo no era lo que Pablo ansiaba oír. Y no es lo que tú y yo generalmente queremos oír cuando acudimos a Dios con nuestras oraciones desesperadas.

Dios nos promete su suficiencia

Jesús le respondió a Pablo, no con sanidad, sino consigo mismo. Jesús le dijo a Pablo: «Mi gracia es todo lo que necesitas» (2 Corintios 12:9). Jesús habló al vacío y al sufrimiento de Pablo diciéndole en esencia: «Yo seré suficiente para ti. Yo mismo llenaré tu vacío». Jesús le estaba diciendo a Pablo —y nos está diciendo a ti y a mí cuando oramos repetidamente por alivio del dolor en nuestra vida y no llega— que él será suficiente para nosotros en cualquier sufrimiento que estemos atravesando. Nos fortalecerá para la lucha. Podemos confiar que derramará su gracia sobre nosotros en la forma, la cantidad y el momento en que la necesitemos. Y nos dará la gracia para soportar el dolor del que no nos libere.

Cuando Jesús dice que su gracia es suficiente, no está hablando solo de la gracia que extiende el perdón por lo que hemos hecho en el pasado. Está hablando de una gracia que es poder presente. La gracia que Jesús nos otorga es el poder para seguir adelante cuando pensamos que no podemos resistir un día más. Es el poder para creer cuando las dudas y las preguntas se están amontonando en nuestros pensamientos conscientes. La gracia nos da lo que necesitamos para aferrarnos de la Palabra de Dios y descansar en ella cuando las voces a nuestro alrededor y en nuestro interior nos dicen que no se puede confiar en Dios.

«Mi poder actúa mejor en la debilidad» dice Jesús (2 Corintios 12:9).

Jesús le estaba diciendo a Pablo que en la debilidad y en el quebrantamiento, Pablo se convertiría en la vitrina de exhibición ideal para el poder de Jesús. Cuando Pablo estuviera vacío de sí mismo y de su propia habilidad para resolver cosas, estaría preparado para experimentar lo que significaba que Cristo lo llenara. Y es igual para nosotros. Solo cuando estemos vacíos de nosotros mismos, de nuestros recursos, de nuestra eficiencia, de nuestras impresionantes habilidades, podremos experimentar lo que Pablo describe: Cristo «lo llena todo por completo» (Efesios 1:23, NVI).

Nos gusta pensar que la forma en que Dios puede recibir la mayor gloria es haciendo el milagro que le pedimos. Preferiríamos que Jesús desplegara su poder en nuestra vida en la forma de sanidad e integridad, éxito y logros, en lugar de debilidad y dependencia. Queremos liberación de la debilidad, no poder en medio de la debilidad. Pero Jesús estaba diciendo que quería desplegar su poder en la vida de Pablo, no quitándole la espina, sino sosteniendo y santificando a Pablo mientras vivía con la espina.

Queremos liberación de la debilidad, no poder en medio de la debilidad.

Cuando nos vemos debilitados por las pérdidas de nuestra vida y damos cabida al poder de Cristo, permitiéndonos estar satisfechos aunque no tenemos lo que necesitamos, gozosos en medio de una gran tristeza y en paz en medio del caos, Dios es glorificado. Se hace evidente que está ocurriendo algo sobrenatural; el Espíritu está obrando en el interior de nuestra vida, dándonos la fuerza que necesitamos para soportar fielmente cualquier cosa que nos toque en el camino.

Supongo que esto nos presenta una verdadera prueba. Nos obliga a preguntarnos: *¿Quiero experimentar y recibir más de la gracia de Jesús para poder expresarla en mi vida? ¿O solo quiero que me otorgue lo que le pido, lo que pienso que necesito para no tener que sufrir más? ¿Puedo hallar satisfacción cuando Dios no soluciona mis dificultades en la vida y en lugar de eso me da la gracia para soportarlas sin quejas, sin resentimiento, sin darle la espalda? ¿Puedo pasar de buscar alivio desesperadamente a buscar diligentemente glorificar a Dios porque lo atesoro más que a mi propia salud o comodidad?*

> *¿Puedo pasar de buscar alivio desesperadamente a buscar diligentemente glorificar a Dios porque lo atesoro más que a mi propia salud o comodidad?*

Evidentemente Pablo pasó esta prueba. Continuó orando por esa espina en la carne, pero sus oraciones ya no eran para que Dios se la quitara. Ahora oraba para que ese dolor fuera redimido. Reconociendo que la espina sería un factor permanente en su vida diaria, oraba para poder lograr todo lo que Dios quería de él, no a pesar de la espina, sino particularmente a causa de ella.

Cuando Pablo escuchó a Jesús en medio de su dolor y de su sufrimiento, su perspectiva cambió completamente. Se terminó la súplica y se derramó el poder. En efecto, pudo decir: «Por eso *me deleito* en mis debilidades, y en los insultos, en privaciones, persecuciones y dificultades que sufro por Cristo. Pues, cuando soy débil, entonces soy fuerte» (2 Corintios 12:10, énfasis agregado).

¿Crees que es posible deleitarte en tu mayor dolor? Parece incomprensible, hasta ridículo, ¿verdad?

Eso es porque en realidad no pensamos que la gracia que Jesús nos ha prometido sea tan buena. No pensamos que sea suficiente; suficiente para llenar nuestro vacío, suficiente para satisfacer nuestras necesidades.

Cuando Jesús se ofrece a sí mismo en medio de nuestro dolor, la mayoría de nosotros pensamos: *¿De eso se trata? ¿Eso es lo mejor que puedes hacer? Esperaba más.* Pero la verdad es que, a menudo, estamos más interesados en conseguir lo que Dios tiene, no en tener más de Dios. Hemos puesto como prioridad un milagro de sanidad o de liberación y el milagro de su presencia nos parece el premio consuelo.

Hemos puesto como prioridad un milagro de sanidad o de liberación y el milagro de su presencia nos parece el premio consuelo.

Durante la época en que David y yo estábamos luchando con las incertidumbres diarias de cuidar niños que iban a morir, la gente con frecuencia nos decía: «No sé cómo pueden hacer esto. Yo jamás podría hacerlo».

A menudo respondíamos diciendo algo que puede sonar un poco chocante: «Tienes razón. No podrías hacerlo... Dios no te ha dado la gracia para eso porque no la necesitas, por lo menos no ahora». Hacíamos una pausa antes de continuar. «Pero quiero que sepas esto: llegado el momento, él te dará toda la gracia que necesites».

Eso es lo que hemos experimentado, siempre la gracia suficiente para ese día difícil, y más gracia para el día siguiente, a medida que la necesitábamos. Hemos aprendido, no solo porque Dios lo promete en su Palabra, sino porque lo hemos experimentado de primera mano en los momentos más difíciles de la vida, que la gracia que Dios ha provisto es todo lo que necesitamos. Ha sido suficiente para lo que hemos enfrentado.

La gracia que Dios provee es suficiente para producir gozo en medio de tu mayor dolor. Es suficiente para permitirte soportar la soledad y los recordatorios de tu pérdida en cada lugar donde aparezcan. Es suficiente para mantenerte en la creencia de que Dios es bueno y te ama.

Lo que Jesús le dijo a Pablo, también nos lo dice a ti y a mí: «Mi gracia es suficiente para ti hoy y para todo lo que tengas que enfrentar más adelante. Será suficiente —yo seré suficiente— para todo lo que permita que ocurra en tu vida».

Alimentándote con sus palabras

🌿

CUANDO ORES, ORA ASÍ: «Danos hoy la comida que necesitamos para hoy». Y luego ven mañana y pídeme de nuevo. ¿Ves? Quiero que aprendas a depender de mí diariamente. Mientras el mundo celebra la independencia, yo bendigo la dependencia. Es por eso que, en el desierto, hace muchos años, mi Padre envió el maná a su pueblo cada mañana y los israelitas podían guardar solo lo necesario para ese día. Les estaba enseñando la dependencia diaria. Y yo quiero enseñarte a depender de mí de esa manera.

Cuando mi Padre proveyó el maná para alimentar el cuerpo de su pueblo, estaba ilustrando cómo me proveería a mí, su Hijo, para alimentar el alma de su pueblo. Yo soy el verdadero Pan del cielo que da vida al mundo. Todo aquel que venga a mí nunca tendrá hambre espiritual. Todo el que crea en mí hallará alivio de su sed espiritual.

Así como tú nunca esperarías vivir sin alimento, no te engañes pensando que puedes vivir sin absorber mi Palabra. Mi Palabra no es un agregado fortuito en tu vida, sino el componente esencial para florecer en el mundo. De modo que toma las palabras que he dicho. Mastícalas bien. Que penetren todas las áreas de tu vida. Permíteles cambiarte y rehacerte. Satúrate de mi Palabra y halla satisfacción en ella.

Nunca me encontrarás escaso cuando vengas a mí. A medida que aprendas a depender cada vez más de mí y descubras una y otra vez que puedo ser suficiente para ti, comenzarás a descansar en mi provisión. Tendrás menos dudas de si me presentaré o no mañana con lo que necesites. Descubrirás cuán bendito es tener hambre y sed de mí, y hallarme totalmente satisfactorio.

Adaptado de Mateo 6:11; 2 Corintios 1:9; Éxodo 16:4; Juan 6:32-35; Mateo 4:4; 5:6; 6:32-33

CAPÍTULO 9

ESCUCHA A JESÚS DICIENDO:
Yo les doy vida a todos los que creen en mí

*«Yo soy la resurrección y la vida.
El que cree en mí vivirá, aunque muera;
y todo el que vive y cree en mí no morirá jamás.
¿Crees esto?».* JUAN 11:25-26, NVI

Jesús nos pide que creamos que
la muerte no es el final de la vida.

El último domingo de pascua, David y yo pusimos nuestro despertador a las 5:50 de la mañana, suficientemente temprano como para cepillarnos los dientes, ponernos algo de ropa sin ducharnos y salir al servicio del amanecer de nuestra iglesia (bueno, David se duchó, yo no). No éramos muchos los que nos atrevimos a una temperatura de cero grados centígrados. Mientras miraba a los demás acurrucados para mantener el calor, descubrí que muchos de nosotros teníamos algo en común. Vi a los Moore, que tuvieron que enterrar a su bebé, Sadler, muchos años atrás. Al ver que llevaban el lirio de pascua en su memoria, supe que estaban pensando en él. Detrás de mí estaba sentada Mary, cuyo sobrino había muerto el otoño pasado de un tumor cerebral, y Melanie, que enterró a su papá a comienzos del año y pocas semanas después a su mamá.

De repente, me vino esta idea: las personas que han tenido que decir adiós al cuerpo de alguien que aman son las personas que reconocen cuánto importa la resurrección de Jesús. Queremos que se nos recuerde que Jesús está antes y después de los límites del nacimiento y de la muerte. Hemos sido arrinconados y llegamos a reconocer que la resurrección es nuestra única esperanza. Y nos hemos aferrado a eso. Esta promesa de la continuación de la vida ha sido nuestro consuelo frente a la muerte. La resurrección es la carta a la nos hemos jugado todo.

Sin embargo, la mayoría de nosotros deberíamos admitir que la resurrección puede parecer muy distante, distante en el tiempo y distante de la realidad de nuestro profundo anhelo de estar aquí y ahora con la persona que amamos. Puede parecer una venda teológica que protege, pero simplemente no quita el dolor.

De modo que necesitamos escuchar a Jesús hablar a nuestra herida abierta. A lo mejor nos está diciendo algo más de lo que hemos oído hasta ahora, algo que pueda ayudarnos a sanar. A lo mejor necesitamos acercarnos un poco más para escuchar lo que Jesús les dijo a sus amigas más cercanas que estaban desoladas por el dolor de la pérdida de su hermano. «Señor», le dijo Marta a Jesús cuando él llegó a Betania cuatro días después de que su hermano, Lázaro, hubiera muerto, mucho después de que mandaran a buscarlo, avisándole que Lázaro estaba muy enfermo. «Si tan solo hubieras estado aquí, mi hermano no habría muerto» (Juan 11:21).

Al leer esas palabras, entendemos lo que Marta estaría sintiendo, su profunda desilusión de que Jesús no hubiera venido a tiempo para usar su poder sanador sobre su hermano. Marta reconocía totalmente que Jesús tenía el poder de evitar la muerte. Pero parecía que pensaba que Jesús estaba limitado por la distancia, que tenía que estar ahí en persona para hacerlo. Y no había llegado a tiempo.

Pero ahora Jesús estaba allí. Y parece que Marta todavía tenía un destello de esperanza que desafiaba la desagradable realidad de un cuerpo en descomposición. Sabía que Jesús había resucitado algunas personas durante su ministerio, pero nunca alguna que hubiera estado muerta cuatro días. Aun así, se aventuró a sugerir la posibilidad diciendo: «Pero aun ahora, yo sé que Dios te dará todo lo que pidas» (Juan 11:22). A lo mejor Jesús todavía podía usar su influencia con el Padre para resucitar el cuerpo de su hermano.

> *Jesús le dijo:*
> *—Tu hermano resucitará.*
>
> JUAN 11:23

«Es cierto —respondió Marta—, resucitará cuando resuciten todos, en el día final» (Juan 11:24). Había oído a Jesús hablar de un gran día venidero, y creía que habría una gran resurrección ese día en el futuro lejano. Pero al parecer eso no le generaba ningún consuelo, por lo menos no lo suficiente para equilibrar la balanza con el dolor que sentía en ese momento. Su respuesta puso de manifiesto su creencia en que la resurrección era un hecho totalmente futuro, que no le ofrecía ningún consuelo en el momento de su gran pena.

Jesús le dijo a Marta que su hermano resucitaría, me pregunto si sus palabras le sonaron como nos suena a nosotros cuando alguien trata de consolarnos diciéndonos que la persona que amamos está en el cielo y que algún día volveremos a verla. Ayuda algo, pero sinceramente no lo suficiente. La idea del cielo suena demasiado lejana.

Marta no podía encontrar alivio en el tiempo futuro. Y quienes hemos perdido a alguien que amamos lo entendemos, ¿verdad? Nos cuesta mucho encontrar consuelo en nuestra esperanza futura bajo el peso aplastante del dolor presente. La resurrección suena muy religiosa, muy irreal, muy distante.

> *Nos cuesta mucho encontrar consuelo en nuestra esperanza futura bajo el peso aplastante del dolor presente. La resurrección suena muy religiosa, muy irreal, muy distante.*

Fue en este momento que Jesús hizo una afirmación sobre sí mismo que cambió la idea de Marta acerca de la resurrección, de un evento totalmente futuro a una realidad presente, una realidad en la que podía encontrar paz y consuelo en ese mismo momento, en el momento de su enorme dolor.

Jesús habla sobre quién es él

Jesús habló directamente a la doctrina vacía y privada de consuelo y alivio palpable de Marta: «Yo soy la resurrección y la vida. El que cree en mí vivirá aun después de haber muerto. Todo el que vive en mí y cree en mí jamás morirá. ¿Lo crees, Marta?» (Juan 11:25-26).

Cuando Jesús dijo que él es la resurrección y la vida, no estaba hablando simplemente de algo que haría en el futuro. Nos estaba diciendo quién es él, la esencia de quién es, no simplemente quién sería, sino quien es ahora y para siempre. Jesús no es solo la vida después de la muerte, es la vida ahora. Jesús es vida para nuestro cuerpo y nuestra alma. Es la fuente de la que brota la vida: «Pues en él vivimos, nos movemos y existimos» (Hechos 17:28). Una vez que vivimos en Cristo, nuestra vida jamás puede extinguirse en realidad.

Cuando Jesús le dijo esas palabras a la abatida Marta, le estaba diciendo que la vida no tiene fin para la persona que cree, que la vida eterna no puede ser extinguida y que en realidad ya ha comenzado para cualquiera que se ha unido a él, la resurrección y la vida. Jesús no es simplemente quien da la victoria sobre la muerte en un oscuro y lejano futuro. Él da la victoria sobre la muerte en el presente actual.

Quienes creen en Jesús saben que cuando llega la muerte física, como ocurre con cada uno de nosotros, nuestro cuerpo puede ser enterrado, pero nuestra alma va de inmediato a la presencia de Dios. También sabemos que Dios no dejará nuestro cuerpo muerto en la tierra para siempre. Cuando él regrese, reunirá nuestra alma con nuestro cuerpo, cambiándolo en un cuerpo glorificado, perfecto como el suyo mismo. Aunque nuestro cuerpo físico va camino a la muerte con rapidez, en realidad nos acercamos cada vez más a la vida como estaba diseñada para ser, en cuerpos adecuados para un nuevo cielo y una nueva tierra, donde estaremos juntos para siempre con quien más amamos, Jesús mismo.

Jesús te pregunta en qué crees

Es posible tener una comprensión teológica de la vida de resurrección, pero no encontrar gozo ni consuelo en eso, ni la capacidad de descansar en eso o, sencillamente, no creer en eso. Y Jesús sabe que para nosotros es fundamental, crucial, creer que él es la resurrección y la vida para que podamos enfrentar la pérdida y el dolor.

Es por eso que continuó su afirmación acerca de quién es él con una pregunta aguda acerca de lo que creemos. Y creo que es la pregunta que te haría Jesús hoy al mirar tu vida y ver que estás buscando saber quién es él en medio de tu dolor. «Yo soy la resurrección y la vida. [...] ¿Crees esto?» (Juan 11:25-26, NVI).

¿Crees que tu ser querido que murió en Cristo ahora disfruta de la presencia de Dios, que es por lejos mejor que la vida en este mundo?

¿Crees que Jesús mismo es la fuente de toda vida y que se puede confiar en él para infundir de vida abundante e irrefrenable tu presente y tu futuro?

Jesús habló repetidamente de la importancia de creer:

> *Dios [...] dio a su único Hijo, para que todo el que crea en él no se pierda, sino que tenga vida eterna.*
>
> JUAN 3:16

> *La única obra que Dios quiere que hagan es que crean en quien él ha enviado.*
>
> JUAN 6:29

> *El pecado del mundo consiste en que el mundo se niega a creer en mí.*
>
> JUAN 16:9

De manera que, a lo mejor, necesitamos preguntarnos: *¿Qué significa creer en Jesús?* Con seguridad creer es más que simplemente aceptar una lista de hechos acerca de quién es Jesús y lo que hizo, más que afirmar un conjunto de dogmas teológicos. Creer es depender de esas verdades, descansar en ellas y jugarnos todo por ellas, sin retener nada. Creer comienza cuando estamos de acuerdo con la verdad de Jesús, pero florece en una fe salvadora cuando aceptamos esa verdad por nosotros mismos, confiando toda nuestra persona a Cristo.

En la lengua original en la que Juan escribió, en realidad no usó la expresión «creer en» Jesús. Nuestra Biblia lo dice así porque sonaría extraño a nuestros oídos si el pasaje dijera lo que estaba diciendo Jesús literalmente. Las palabras reales de Jesús fueron que debemos «creer al interior» de él. Creer en Jesús es entrar en Jesús como una nueva manera de vivir, depender de él como la fuente de nuestra vida, ahora y siempre.

Al comienzo de su ministerio Jesús dijo: «A menos que crean que Yo Soy quien afirmo ser, morirán en sus pecados» (Juan 8:24). La prueba de creer separa a quienes quedarán en la oscuridad separados para siempre de Dios y aquellos que entran en la eternidad que desborda de vida y gozo. Jesús no se conformó con una vaga incertidumbre como tantos de nosotros hoy. Es por eso que le formuló a Marta esa pregunta fundamental: «¿Crees esto?», y es por eso que nos hace a ti y a mí la misma pregunta.

Es una pregunta casi demasiado directa ¿no es así? Nos pone un poco incómodos. Nos sentimos más cómodos con una fe de tipo inspirador y una religión de tipo impersonal. Parece un poco avasallador ser forzados a responder esa pregunta. Pero Jesús no tiene miedo de presionar sobre lo que creemos. Cuando nos hace esta pregunta, nos está amando, porque sabe que lo que creemos marca una diferencia eterna.

¿Crees que Jesús es quien dice ser, la resurrección y la vida, y crees en realidad que la persona que cree en él está, incluso ahora, plena y eternamente viva?

«Bueno, pienso que sí» tendemos a decir.

La verdad es que, si en realidad creemos eso, si en realidad hemos entrado a una nueva manera de vivir, habrá una diferencia en cómo sobrellevamos el dolor de la pérdida de un ser querido. No estoy diciendo que lo que creemos tiene el poder de eliminar por completo el dolor. Pero sí cambia el modo en que hacemos el duelo: no lo sobrellevamos de la manera que lo hacen quienes no tienen esperanza (1 Tesalonicenses 4:13).

Mientras David y yo nos alejábamos de la tumba después de enterrar a Hope, él me dijo: «Sabes, creo que esperábamos que nuestra fe hiciera que esto doliera menos, pero no es así. Nuestra fe nos dio una fuerza y un aliento increíbles mientras la teníamos con nosotros, y nos consuela saber que Hope está en el cielo. Nuestra fe nos impide ser tragados por la desesperanza, pero no creo que haga que nuestro dolor sea menor».

En nuestra experiencia, la fe no se ha llevado el dolor, pero ha influido en nuestros pensamientos y en nuestras emociones. Ha poblado nuestra pérdida de propósito y de esperanza.

Si crees lo que dice Jesús acerca de los que creen en él, sufrirás de manera diferente de quienes no creen. Sufrirás como una persona cuya alma está anclada en la confianza en las promesas de

Dios. Sufrirás con una esperanza que no está basada en ilusiones, ni en sentimentalismo vacío, ni en vagas supersticiones, ni en una permanente negación, sino en el fundamento sólido de quién es Jesús (la resurrección y la vida) y lo que ha hecho (vencido a la muerte) y lo que ha prometido (una vida que no termina jamás).

Si crees que tu ser querido que ha fallecido en Cristo experimentará la realidad de un cuerpo resucitado en el nuevo cielo y la nueva tierra, no te quedarás paralizado en el lodazal de ver la muerte como una tragedia. Podrás comenzar a verla como una puerta abierta hacia un gozo eterno.

Si crees que tu ser querido que ha fallecido en Cristo experimentará la realidad de un cuerpo resucitado en el nuevo cielo y la nueva tierra, no te quedarás paralizado en el lodazal de ver la muerte como una tragedia.

Si crees en Jesús, no verás la muerte como el final: el final de una vida, el final de tu relación con la persona que amas, el final del amoroso cuidado de Dios para ti. En lugar de eso, la verás como el comienzo de la vida en la presencia de Dios, donde algún día tendremos nuevos corazones para amar con pureza, nuevas mentes para pensar correctamente, un nuevo propósito eterno y un nuevo ambiente para vivir que no estará afectado por los efectos desgraciados del pecado.

Si crees en Jesús, aunque ansíes tener a la persona que amas aquí contigo, tu amor por esa persona y tu confianza en las promesas de Dios te ayudarán a convertir ese dolor en anticipación de gozo. La perspectiva de la vida después de este mundo se volverá más real, y crecerá tu anhelo de ella. Tus pensamientos acerca de ella serán menos sentimentales y más sólidos y seguros.

Cuando Jesús dice: «El que cree en mí vivirá aun después de haber muerto», comprendemos que aquí está el verdadero milagro que buscamos, incluso si nuestras oraciones son cortas de vista. El motivo por el cual el relato de la resurrección de Lázaro está en la Biblia no es para que anhelemos el mismo milagro físico que él experimentó, porque él finalmente murió. Lázaro no fue levantado de entre los muertos para tener una segunda oportunidad y tampoco para evitar que María y Marta sufrieran, sino para que nosotros pudiéramos creer que Jesús es quien dice ser, aquel que tiene poder sobre la muerte. Jesús levantó a Lázaro de la muerte para que nosotros pudiéramos descansar en su promesa de que, si creemos en él, viviremos; incluso después de la muerte de nuestro cuerpo.

Con el tiempo habrá llegado el día en que María y Marta fueron una vez más a la tumba con la cáscara sin vida de lo que alguna vez fue su querido hermano. En esa ocasión no hubo una resurrección milagrosa. Pero para entonces, su sólida fe en Jesús como la resurrección y la vida habría florecido en una tranquila confianza. El siguiente funeral de Lázaro ocurrió a este lado de la Pascua, y como Jesús había resucitado de la muerte, sabían que un día Lázaro también resucitaría. Esta vez, aunque habrán enfrentado la tumba con dolor, era un dolor lleno de esperanza y sin desesperación. Esta vez enfrentaron su muerte con confianza en que la resurrección no era solo un ejercicio religioso distante, sino una experiencia personal actual.

La pregunta de Jesús es tal vez la pregunta más importante de la vida. Con seguridad es la pregunta más importante que tú y yo tenemos que responder mientras nos abrimos camino en medio del dolor y las preguntas que siguen a la muerte de alguien que amamos o al enfrentar nuestra propia muerte inevitable.

¿Cómo le responderemos a Jesús cuando lo escuchemos preguntarnos en nuestro dolor: «Yo soy la resurrección y la vida. [...] *¿Crees esto?*».

Otorgándote una vida que jamás termina

❧

CADA CHISPA DE VIDA COMENZÓ CONMIGO. Soy el dador y el sustentador de la vida. Hice a los seres humanos del polvo y soplé en ellos el aliento de vida. Y si crees eso, seguro podrás creerme cuando te digo que cuando tu cuerpo vuelva al polvo, mi Espíritu te dará la vida que no termina jamás.

No estoy esperando una fecha futura para comenzar a darte esa vida sin final. En el momento en que vienes a mí, comienza para ti una nueva calidad de vida. Si me tienes, tienes vida, aunque estés rodeado de muerte. Tu vida fluye de la mía, y mi vida es inextinguible.

Estas no son palabras ni promesas vacías. Mis palabras son espíritu y vida, de manera que aférrate a ellas con toda tu fuerza. Te estoy invitando a confiar en quien soy —la vida misma— y en lo que te he prometido: una vida plena, satisfactoria y eterna.

Confiar en mis promesas requiere fe. Pero no estoy hablando de una «fe ciega» ni de un «salto de fe». Tienes el fundamento de la fe en la realidad de mi resurrección. Morí y me levanté de nuevo para que supieras que tengo el poder de abandonar la vida y volverla a tomar. Y te estoy prometiendo el mismo poder que desafía la muerte y da vida.

Puedes afirmar tu vida y tu muerte sobre lo que te estoy diciendo. Mientras sigas escuchando mi voz, podrás enfrentar la muerte sin temor, confiando que la vida está del otro lado de la muerte.

Adaptado de Hebreos 1:3; Génesis 2:7; Hechos 17:25; Juan 3:6; 1 Juan 5:12; 10:10; 10:18; 14:6; 6:63

CAPÍTULO 10

ESCUCHA A JESÚS DICIENDO:
Yo tengo el control de tu vida y de tu muerte

«¡No tengas miedo! [...] [Yo] tengo en mi poder las llaves
de la muerte y de la tumba». APOCALIPSIS 1:17-18

Jesús calma nuestro miedo a la muerte.

Supongo que ninguno de nosotros pasa por la vida sin tener algunas cosas de qué arrepentirse. Y, a decir verdad, yo he acumulado mi propia lista. Aunque hicimos lo mejor para vivir cada día que se nos dio con Hope y con Gabe de manera que no tuviéramos que lamentar nada, algunas cosas se colaron como visitas indeseadas. Algo que lamento es que no pasé suficiente tiempo en silencio con ellos, enfocada en ellos, absorbiendo el contacto de su piel contra la mía.

Pero recuerdo un día crucial en que pasé un tiempo significativo sentada con Hope en su habitación oscurecida acunándola en la silla mecedora que nos había dado un amigo. Al sentir que el tiempo de Hope con nosotros se iba terminando muy rápido, comencé a preparar mentalmente las palabras para suplicarle a Dios que extendiera su vida. Sentía que yo había sido demasiado generosa y amable con Dios al aceptar la realidad de que Hope no llegaría a crecer con nosotros, de manera que me parecía que era perfectamente razonable de mi parte pedirle a Dios que le prolongara la vida, al menos un poco.

Pero antes de que mi oración estuviera completa, me detuve en seco. *¿En realidad quiero que Hope viva más de lo que Dios designó para ella?* pensé. A lo mejor una vida más larga no sería buena para ella ni para mí. A lo mejor significaría más sufrimiento para ella... Estaba en una encrucijada, en la que me vi obligada a elegir si confiaba o no en Dios sobre la duración de su vida, si confiaba o no en que el número de días que Dios le diera sería lo correcto para ella y para mí.

Supongo que comencé a pensar en eso alrededor del tercer día de vida de Hope cuando, en una conversación telefónica desde mi habitación en el hospital, mi amiga Anne Graham Lotz me dijo: «El propósito de la vida de Hope se cumplirá cabalmente en la cantidad de días que Dios le dé». Fue una verdad profunda para procesar, una verdad a la cual me aferré. Le agregó significado y sentido a la breve vida de Hope.

Luego leí *The Last Thing We Talk About* (La última cosa de la que hablamos), de Joseph Bayly, quien perdió tres hijos: uno de ellos de dieciocho días, después de una cirugía; otro de cinco años por leucemia y el tercero a los dieciocho años, como consecuencia de un accidente en un trineo. Bayly escribió: «Poco después de que nuestro hijo de cinco años falleciera de leucemia, alguien me preguntó cómo me sentiría si en ese momento se descubriera la cura para la leucemia. Mi breve respuesta fue que estaría agradecido, pero que sería irrelevante para la muerte de mi hijo. Dios había determinado llevarlo a su hogar a los cinco años, el medio era secundario».

La profunda verdad de esa afirmación me tocó una fibra profunda. Remodeló mi pensamiento y calmó mi desesperación. Tranquilizó el temor a la realidad de la muerte que se avecinaba. Mi creciente confianza en que Dios tenía el control sobre la vida y la muerte de Hope me dio paz.

Me pregunto si fue esa misma sensación de confianza en que Dios tiene el control la que le dio paz al apóstol Juan cuando sus últimos días se le escabullían preso en la remota isla de Patmos. Leemos de eso en Apocalipsis 1:

> *Yo, Juan, soy hermano de ustedes, y su compañero en*
> *el sufrimiento, en el reino de Dios y en la paciente*
> *perseverancia a la que Jesús nos llama. Me exiliaron*
> *a la isla de Patmos por predicar la palabra de Dios y*
> *por mi testimonio acerca de Jesús.*
>
> APOCALIPSIS 1:9

Como prisionero en Patmos, probablemente Juan pasó los días, a los noventa años, haciendo trabajos manuales. La historia nos dice que en las minas de mármol de la isla de Patmos, los hombres trabajaban encadenados a sus «carretillas de esclavos». Probablemente Juan no tuviera una cama propiamente dicha para descansar ni comida adecuada ni suficiente agua limpia para beber. Seguramente no tenía ningún ungüento para calmar las heridas producidas al trabajar día tras día en ese terreno rocoso.

Y si pensamos en las personas que conocemos de noventa años, debemos preguntarnos si les dolían las articulaciones por la artritis y si sufrían otras dolencias por su avanzada edad. De seguro sentían el dolor de la tristeza y la soledad porque la mayoría de sus compañeros apóstoles habían enfrentado el martirio y la muerte mucho antes.

Encontramos a Juan en el día del Señor dedicando su tiempo a escuchar a Jesús hablándole, en lugar de estar obsesionado por su situación.

Era el día del Señor, y yo estaba adorando en el Espíritu.

APOCALIPSIS 1:10

Es probable que Juan haya estado escuchando esa voz suave y queda del Espíritu de Dios susurrándole consuelo o asegurándole su presencia en ese lugar penoso. Pero ese día, no fue la voz suave y queda lo que Juan oyó. Dice: «Oí detrás de mí una fuerte voz, como un toque de trompeta» (Apocalipsis 1:10). En ese momento, la voz de Jesús hablándole a Juan en medio de su dolor fue fuerte, insoslayable, poderosa y penetrante.

> *En ese momento, la voz de Jesús hablándole a Juan en medio de su dolor fue fuerte, insoslayable, poderosa y penetrante.*

Juan escribe: «me di vuelta para ver quién me hablaba» (Apocalipsis 1:12). Cuando pensamos en Juan viendo a Jesús, recordamos que él ya lo había visto. Ya había oído su voz. Había pasado tres años con Jesús. Había apoyado su cabeza sobre el hombro de Jesús. Había estado parado al pie de la cruz cuando Jesús colgaba allí y se había comprometido a cuidar de su madre. Había visto a Jesús preparando una comida en la playa. Y había visto a Jesús ascender al cielo. Pero lo que oyó y vio ese día en Patmos fue dramáticamente diferente.

«Vi», dice, «alguien semejante al hijo del Hombre» (Apocalipsis 1:12-13). En otras palabras, Juan vio alguien que parecía completamente humano pero que irradiaba el esplendor del cielo. Describió al Jesús glorificado y espléndido en los términos más tangibles que pudo encontrar:

> *La cabeza y el cabello eran blancos como la lana, tan*
> *blancos como la nieve, y los ojos eran como llamas de*
> *fuego. Los pies eran como bronce pulido refinado en*
> *un horno, y su voz tronaba como potentes olas del mar.*
> *Tenía siete estrellas en la mano derecha, y una espada*
> *aguda de doble filo salía de su boca. Y la cara era*
> *semejante al sol cuando brilla en todo su esplendor.*
>
> APOCALIPSIS 1:14-16

La visión de Jesús en su humanidad glorificada fue asombrosa. Fue impactante. Fue silenciadora. En esta conversación con Jesús, Juan estuvo en silencio. No *dijo* nada. Pero lo que *hizo* fue revelador.

El versículo 17 describe la reacción de Juan: «Cuando lo vi, caí a sus pies como muerto». Juan cayó al suelo delante de Jesús en adoración, maravillado, sumiso y calmo, lo cual es la única respuesta apropiada al ver a Jesús como verdaderamente es y oír su voz como verdaderamente suena.

«Pero él puso la mano derecha sobre mí» relata Juan. Cuando

Jesús se acercó para tocarlo dijo: «¡No tengas miedo! Yo soy el Primero y el Último. Yo soy el que vive. Estuve muerto, ¡pero mira! ¡Ahora estoy vivo por siempre y para siempre! Y tengo en mi poder las llaves de la muerte y de la tumba» (Apocalipsis 1:17-18). Cuando Jesús le dijo a Juan, y a ti, y a mí que él es «el Primero y el Último», estaba diciendo: «Todo comenzó conmigo, y todo terminará conmigo. Encontrarás tu punto de inicio y tu punto final en mí».

¿Crees en realidad que Dios está en control tanto del comienzo como del final de tu vida, y de cada día entre medio? Evidentemente el salmista sí lo creía. Lo expresó así:

> *Tú me observabas mientras iba cobrando forma en secreto,*
> *mientras se entretejían mis partes en la oscuridad de*
> *la matriz.*
> *Me viste antes de que naciera.*
> *Cada día de mi vida estaba registrado en tu libro.*
> *Cada momento fue diseñado*
> *antes de que un solo día pasara.*
>
> SALMO 139:15-16

Estos versículos nos dicen que Dios ha ordenado o planeado todo lo que ocurre en nuestro mundo desde antes de la Creación. Y aunque nos resulta imposible entender completamente cómo es que Dios sabe todo por adelantado sin socavar nuestra libertad ni nuestra responsabilidad, vemos su control providencial completo de la historia humana a lo largo de las páginas de las Escrituras.

Pero debo admitir que esto es más fácil de aceptar en el panorama completo que en los detalles de cada día. En aquellos días que la vida parece buena, es fácil decirle a Dios: «Cada día de mi vida estaba registrada en tu libro». Pero el día que nos golpea una tragedia, el día que nuestra vida cambia para siempre por una pérdida, el día que descubrimos la infidelidad o recibimos el resultado final de un estudio o decimos adiós por última vez, nos preguntamos: *¿Este día de mi vida estaba escrito en tu libro, por tu mano? ¿Es esta la historia que querías escribir para mi vida o hubo algún terrible error?*

Es entonces cuando necesitamos escuchar a Jesús dándonos seguridad de su control providencial, recordándonos que no debemos tener miedo. Es aquí que necesitamos escuchar a Jesús diciéndonos lo que le dijo a Juan: «Yo tengo en mi poder las llaves de la muerte y de la tumba».

¿Qué significa que Jesús tiene las llaves de la muerte y de la tumba? La persona que tiene las llaves controla el acceso. La persona que tiene las llaves abre y cierra.

> *La persona que tiene las llaves controla el acceso. La persona que tiene las llaves abre y cierra.*

Imagina lo que significó para Juan mientras se consumía en Patmos, a lo mejor preguntándose si moriría allí. Imagina lo que significaba para los creyentes en esas primeras iglesias que leerían el relato de Juan de su encuentro con Jesús. Habían visto cómo sus seres queridos eran arrancados de su lado para ser arrojados a los leones mientras, sin duda, se preguntaban si serían los próximos en la lista. Imagina el consuelo y la confianza que les habrá dado oír a Jesús decir que él tiene el control de la vida y de la muerte. Estas palabras penetrantes de la boca del Jesús resucitado y glorificado, les aseguraban que no necesitaban tener miedo de que alguien o algo les quitara prematuramente la vida ni la de sus seres queridos.

Tampoco nosotros necesitamos tener miedo.

Porque Jesús tiene el control de la vida y de la muerte. Jesús nos asegura que tiene en sus manos las llaves del lugar de los muertos. Nadie va allí a menos que y hasta que él abra esa puerta. Él tiene las llaves porque murió y estuvo allí y salió de allí con las llaves en la mano.

Jesús habla sobre nuestro temor a la muerte

¿Escuchas la voz poderosa y penetrante de Jesús diciéndole esta promesa a tu corazón hoy? «No tengas miedo» dice, «yo tengo las llaves de la muerte».

Eso significa que no importa lo que diga el médico sobre el tiempo que te queda de vida, vivirás exactamente el número de días que Dios ha ordenado para ti. Esto significa que cuando esa persona que amabas murió en un terrible accidente, no tomó a Dios por sorpresa. Significa que incluso si parece que la persona que amabas murió demasiado pronto, en realidad, fue en el momento correcto.

Cuando enfrentas la muerte de un ser querido, no tienes que entregar a esa persona a un vacío desconocido e impiadoso.

Esto significa que puedes dejar todos los «si tan solo...» que hostigan tus pensamientos: *si tan solo hubiera ido al médico antes; si tan solo le hubiera advertido; si tan solo se hubiera quedado en casa ese día; si tan solo yo hubiera sido un buen testigo; si tan solo hubiera visto las señales.*

Jesús es quien controla la vida y la muerte.

Esto significa que cuando enfrentas la muerte de un ser querido, no tienes que entregar a esa persona a un vacío desconocido e impiadoso. Puedes descansar, sabiendo que la persona que amas que conoce a Jesús está a salvo a su cuidado y bajo su amoroso control. Jesús tiene las llaves.

Incluso si no estás seguro de la relación de tu ser querido con Jesús, puedes confiar en el carácter de quien tiene las llaves, sabiendo que él hará lo correcto, recordando que el corazón de aquel que tiene las llaves está lleno de compasión.

Y cuando enfrentes tu propia muerte, que puede parecer muy lejana o demasiado próxima, Jesús se acerca y pone su mano sobre ti para consolarte en medio de tu temor, recordándote que él tiene las llaves. La muerte no puede tomarlo por sorpresa ni agarrarlo desprevenido. Él tiene el control.

Cuando confiamos en que Jesús tiene el control sobre nuestra vida o nuestra muerte, podemos dejar de tener miedo. Podemos abandonar nuestra necesidad de tener todo siempre bajo control, en la confianza de que Jesús no solo tiene las llaves, nos tiene a nosotros también.

Enseñándote a enfrentar la muerte sin temor

❧

ES NATURAL TENERLE MIEDO A LA MUERTE. Pero si estás en mí, ya no vives la vida ni enfrentas la muerte de la manera natural. Puedes enfrentar la muerte con confianza sobrenatural, confianza en que todo lo que te he prometido es cierto en verdad y que todo aquello en que has puesto tus esperanzas es verdaderamente real. Esta confianza viene de estar convencido de que nada puede separarte del amor del Padre, ni siquiera la muerte.

Descansa en mis promesas y halla paz en seguir mi ejemplo. Recuerda mis palabras cuando yo mismo enfrenté la muerte, cuando clamé desde la cruz: «Padre, ¡en tus manos encomiendo mi espíritu!» y encomienda también tu espíritu en sus manos. Exclama desde la profundidad de tu alma junto con el salmista: «¡Mi futuro está en tus manos!».

Tu vida está en las manos de tu Padre y tu muerte también está en sus manos. La muerte de tus seres queridos está en sus manos. Y por eso puedes descansar, en la confianza de que para los míos no hay lugar más seguro que mis manos.

Adaptado de Hebreos 2:14-15; 6:18; 11:1; Tito 3:6-7; Romanos 8:38; Lucas 23:46; Salmo 31:15; 1 Pedro 2:23

Conclusión

ESCUCHA A JESÚS DICIENDO:
Yo te daré descanso

*«Vengan a mí todos los que están cansados y
llevan cargas pesadas, y yo les daré descanso».* Mateo 11:28

Jesús nos extiende los brazos.

Mi amiga Ángela y yo subíamos por la pasarela que conduce a mi casa cuando David salió a recibirnos.

—Tienes una mala noticia— le dije a él instintivamente.

Nos dijo que acababa de recibir una llamada avisándole que la hija de unos amigos había sido embestida por un automóvil en la entrada de su casa y la estaban llevando al hospital. De inmediato se nos instaló un malestar en el estómago, por la niña, por sus padres y por quien estaba conduciendo el automóvil, y comenzamos a orar por todos ellos.

Volvió a sonar el teléfono y supimos que la niña había fallecido. Saltamos al coche y volamos al hospital donde encontramos una sala llena de amigos que estaban conmocionados y afligidos, inseguros sobre qué hacer o decir. Cuando la familia entró a la sala después de despedirse del cuerpo de su preciosa hija y hermana, pasaron de un abrazo a otro, apoyándose en gente que los quería, derramando lágrimas y buscando consuelo.

Era un momento en el que no se necesitaban palabras. No había apuro por teologizar ni explicar. Era un momento para abrir los brazos, para derramar lágrimas y para la presencia misma de quienes estaban en la sala y prometían estar ahí los días siguientes para ayudar a cargar el peso del dolor.

Fue una imagen de la promesa que veo en las palabras de Jesús en Mateo 11:

> *Luego dijo Jesús: «Vengan a mí todos los que están cansados y llevan cargas pesadas y yo les daré descanso. Pónganse mi yugo. Déjenme enseñarles, porque yo soy humilde y tierno de corazón, y encontrarán descanso para el alma. Pues mi yugo es fácil de llevar y la carga que les doy es liviana».*
>
> MATEO 11:28-30

¿Puedes escuchar a Jesús hablándote personalmente a través de estas palabras? ¿Puedes ver a Jesús extendiéndote los brazos, esperando para rodearte y proveerte un lugar seguro para que te desahogues?

La carga de dolor que vienes llevando puede ser demasiado pesada para seguir cargándola solo, Jesús te extiende los brazos y te invita a vivir en él, donde podrás descansar.

Cuando dice: «Pónganse mi yugo» no está poniéndote a trabajar. Te está invitando a compartir el yugo que también rodea su propio cuello. Está ofreciéndose a llevar la carga si te unes a él. El levantará ese peso que viene presionándote, aplastándote.

Y cuando dice: «Déjenme enseñarles», escucha su corazón, que es humilde y amable. No grita órdenes ni nos exige respuestas perfectas. Nos enseña por medio de sus palabras y su ejemplo, invitándonos a su manera de vivir, a su manera de entender, a su manera de amar. Solo en él encontraremos el descanso que anhelamos.

En medio de tu angustia, Jesús te sostendrá entre sus brazos, te enseñará y hablará a tu dolor. Escucha su promesa de estar contigo en los días que siguen para ayudarte a llevar la carga del dolor de tu corazón.

> *Escucha su promesa de estar contigo en los días que siguen para ayudarte a llevar la carga del dolor de tu corazón.*

«Las palabras que yo les he hablado son espíritu y son vida» dijo Jesús (Juan 6:63).

Que el Espíritu imprima la verdad de lo que Jesús ha dicho en tu corazón, cambiando tu forma de sentir. Que encuentres vida en sus palabras a medida que se arraigan en tu mente, cambiando tu forma de hablar. Que encuentres descanso para tu alma herida en sus palabras y en sus brazos.

Guía para la discusión

CAPÍTULO 1: **Escucha a Jesús diciendo:** *Yo también he conocido el dolor insoportable* (MATEO 26:38)

Jesús comprende el peso aplastante y la soledad atroz del dolor.

- ¿Qué significa escuchar a Jesús hablar y cómo se puede hacer en realidad? ¿Cómo sabemos que es su voz la que oímos?

- ¿Te ayuda saber que Jesús ha experimentado un dolor insoportable y una soledad atroz? ¿De qué manera?

- ¿Qué verdades encuentras en Hebreos 2:14-18 que acrecientan tu comprensión de la forma en que Jesús comparte tu dolor?

- ¿Con qué aspectos específicos de tu experiencia de dolor crees que Jesús es capaz o incapaz de identificarse?

- ¿Cómo puede cambiar tu manera de orar y de adorar cuando ves y escuchas a Jesús como el Hombre de dolores?

CAPÍTULO 2: **Escucha a Jesús diciendo:** *Yo también he oído a Dios decirme que no* (MATEO 26:39)

Jesús nos muestra qué hacer cuando Dios no nos da lo que deseamos.

- ¿Cómo te identificas con la lucha de Nancy para conciliar la soberanía y el poder de Dios, con su compasión por nosotros en nuestro dolor?

- Puede resultar difícil aceptar la humanidad de Jesús que se evidencia en su deseo de algo diferente de lo que Dios quería. ¿En qué forma te da esperanzas la realidad de su lucha?

- ¿Qué sabía Jesús acerca de su sufrimiento y acerca de Dios que le permitió someterse?

- ¿De qué manera(s) sientes que Dios te ha dicho «no»? ¿Y cómo has respondido a eso hasta ahora?

- ¿Cómo es posible pasar de insistir en que Dios cumpla nuestros pedidos a someternos a Dios al punto de poder decir: «Quiero que se haga tu voluntad, no la mía»?

- Primera Pedro 2:23 dice que Jesús «Se entregaba a aquel que juzga con justicia» (NVI), que «Dejaba su causa en manos de Dios». ¿Qué te demandaría poder hacer eso? ¿Cómo piensas que te sentirías al cumplirlo?

CAPÍTULO 3: **Escucha a Jesús diciendo:** *Quiero sanar tu enfermedad más letal* (MARCOS 1:41)

Jesús sabe qué es lo que más necesitamos.

- ¿Cómo puedes identificarte con esta afirmación: «Quienes no recibimos la sanidad física por la que oramos podemos quedar con la sensación de que o bien nuestra fe es deficiente o Dios es incapaz o Dios no está dispuesto a sanarnos a nosotros o a nuestro ser querido. Y, en cierta manera, una recorrida superficial por los evangelios puede apoyar esa suposición»?

- ¿Cómo ayuda a tu comprensión de los milagros de Jesús lo que dice Juan 20:30-31?

- ¿Cómo puedes aceptar la obra sanadora de Dios en tu vida ahora y, a la vez, reconocer que estamos viviendo en ese tiempo intermedio en que probamos un bocado de su poder, pero no lo conocemos en su plenitud?

- ¿Por qué piensas que tendemos a ver la disposición de Dios a sanarnos de nuestra enfermedad mortal del pecado como algo menor que la sanidad física que queremos obtener de él?

- ¿Qué significa en realidad ver nuestro pecado como nuestra enfermedad más significativa y cómo cambia eso la manera de relacionarnos con Dios?

CAPÍTULO 4: **Escucha a Jesús diciendo:** *Te salvaré de ti mismo*
(MATEO 16:23)

Jesús nos salva de una vida desperdiciada por estar siempre tratando de salirnos con la nuestra.

- ¿Cómo respondes a esta afirmación: «La suposición de que Dios debería dar una vida cómoda a los creyentes fieles y, por supuesto, no más de una dosis de sufrimiento, parece ser una versión de la vida cristiana a lo occidental, que no resiste análisis»?

- Piensa en algunos seguidores específicos de Dios en la Biblia y analiza: ¿Cómo eran sus vidas? ¿Hacían que seguir a Dios se viera como algo bueno ante el mundo?

- Lee los siguientes pasajes: 1 Corintios 3:18-23 y 2 Corintios 6:4-10. ¿Cómo ilustran la paradoja de vivir la vida cristiana? Y ¿cómo revelan las maneras en que nuestra perspectiva humana es diferente de la perspectiva de Dios?

- ¿Es realista pensar que podrías comenzar a ver las cosas desde la perspectiva de Dios en lugar de solo desde un punto de vista humano? De ser así, ¿cómo ocurre eso?

- ¿Qué piensas que significa: «Abandonar su propia manera de vivir, tomar su cruz y seguirme» (Mateo 16:24)?

CAPÍTULO 5: **Escucha a Jesús diciendo:** *Te protegeré*
(MATEO 10:28)

Jesús nos protege del daño eterno.

- ¿Qué promesas de Dios has buscado confirmar en tu sufrimiento, y cómo ves o prevés el cumplimiento de esas promesas por parte de Dios?

- ¿Qué pensarías si tuvieras la impresión de que Dios no cumplió una promesa que hizo?

- ¿Te sientes desafiado cuando escuchas a Jesús hablándoles a sus seguidores, diciéndonos que no debemos preocuparnos por nada o nadie que pueda matar nuestro cuerpo, porque no pueden tocar nuestra alma (Mateo 10:28)?

- Jesús oró para que fuéramos protegidos del maligno. ¿Qué quiere hacernos el maligno (Marcos 4:15; Lucas 22:31-32; Juan 8:44; 1 Pedro 5:8)?

- La promesa de que Jesús te protege de la ira de Dios que mereces, ¿te conmueve o te hace sentir una profunda gratitud? De no ser así ¿por qué?

- ¿Qué puedes hacer con tu desilusión de que Dios no promete protegerte a ti ni a tus seres queridos de todo daño físico en esta vida? Y ¿cómo puedes valorar cada vez más su promesa de proteger tu alma para la eternidad?

CAPÍTULO 6: **Escucha a Jesús diciendo:** *Tengo un propósito para tu sufrimiento* (JUAN 9:3)

Jesús nos da una nueva perspectiva cuando preguntamos: «¿Por qué?».

- ¿Cómo te relacionas con la siguiente afirmación: «Hay algo en lo profundo de nosotros que nos dice que recibimos lo que merecemos o que nos merecemos lo que recibimos»? ¿Alguna vez has sentido que tu sufrimiento es la manera en la que Dios te hace pagar por tus pecados?

- ¿Cuál es la diferencia entre ver tu sufrimiento como una disciplina de Dios y verlo como un castigo de Dios?

- Nancy dice: «El mismo instrumento de sufrimiento que Satanás procura utilizar para *destruir* nuestra fe, en las manos de Dios, sea el instrumento que se propone usar para *desarrollarla*. La misma circunstancia que Satanás envía para tentarnos a rechazar a Dios es la que Dios usa para capacitarnos. Lo que Satanás utiliza para herirnos, Dios lo usa para podarnos». ¿Cómo puede cambiar tu manera de responder al sufrimiento aceptar esa verdad?

- ¿Cómo puede desafiar y mejorar tu comprensión del papel de Dios en tu propio sufrimiento reflexionar sobre el papel de Dios en el sufrimiento de José, Job, Israel y Jesús?

- ¿Cómo puede ayudarte a entender las causas y propósitos de tu propio sufrimiento reflexionar sobre las causas y los propósitos del sufrimiento como lo presentamos en este capítulo?

CAPÍTULO 7: **Escucha a Jesús diciendo:** *Te daré un corazón dispuesto a perdonar* (MARCOS 11:25)

Jesús nos empodera para que podamos perdonar a quienes no lo merecen.

- ¿De qué manera tendemos a justificar nuestro resentimiento? Y ¿qué temores nos hacen vacilar antes de perdonar?

- ¿Cuál es la diferencia entre una persona que peca contra ti y una persona que solo te hiere o te ofende? ¿Hay alguna diferencia entre cómo perdonas en cada situación?

- Mucha gente dice que no es necesario perdonar o que el perdón no es completo a menos que la persona que te ha herido te pida ese perdón. ¿Puede este requisito mantenernos como rehenes de nuestro ardiente resentimiento? ¿Cuál es la diferencia entre el perdón y la reconciliación?

- Piensa en la gente que conoces que ha permitido que el resentimiento eche raíces en su vida. ¿Cómo ha modelado eso su persona y la forma en que se relaciona con otros?

- ¿Qué piensas que significa: «Perdonar es elegir absorber el dolor y pagar tú mismo la deuda que se te debe con toda justicia, pidiéndole a Dios que haga una obra de gracia y calme el terrible enojo de tu corazón»?

- ¿Qué paso hacia el perdón, por pequeño que sea, podrías dar ahora para que tu resentimiento comience a ceder?

CAPÍTULO 8: **Escucha a Jesús diciendo:** *Soy suficiente para ti*
(2 CORINTIOS 12:9)

Jesús provee lo que necesitamos cuando lo necesitamos.

- ¿De qué maneras has sentido un vacío en tu sufrimiento?

- Cuando lees sobre la experiencia de Pablo con la espina, ¿te alienta o te desilusiona? ¿Por qué?

- ¿Ver que la espina era un mensajero de Satanás enviado para atormentar a Pablo, pero también una herramienta de Dios enviada para protegerlo de su orgullo te ayuda a ver tu propio sufrimiento como algo posiblemente enviado por Satanás para herirte, pero que Dios puede usar para ayudarte?

- ¿De qué maneras necesitas que la gracia de Jesús sea suficiente para ti? ¿Cómo sabrás que es suficiente?

- ¿Cuál es la diferencia entre orar para que una espina sea quitada y orar para que sea redimida?

CAPÍTULO 9: **Escucha a Jesús diciendo:** *Yo les doy vida a todos los que creen en mí* (JUAN 11:25-26)

Jesús nos pide que creamos que la muerte no es el final de la vida.

- ¿Te sientes identificado con la incapacidad de Marta para encontrar consuelo en la resurrección como un hecho totalmente futuro o como algo puramente religioso, pero no real?

- ¿Cómo se relaciona la promesa de Jesús de que «El que cree en mí vivirá aun después de haber muerto» (Juan 11:25) con otras cosas que vimos en capítulos anteriores que expresó Jesús, como por ejemplo su disposición a sanarnos de nuestra enfermedad más mortífera —el pecado— o su preocupación por nuestra alma eterna más que por nuestro cuerpo físico?

- ¿Cómo sabe una persona que sus creencias han pasado de simplemente aceptar una lista de hechos acerca de Jesús a una genuina fe salvadora?

- ¿Cómo piensas que cambió la experiencia de María y Marta de llorar por la muerte de su hermano la segunda vez que murió?

- Saber que Jesús es la resurrección y la vida, ¿ha significado alguna diferencia en tu sufrimiento? Si es así ¿cómo? Si no es así ¿por qué?

CAPÍTULO 10: **Escucha a Jesús diciendo:** *Yo tengo el control de tu vida y de tu muerte* (APOCALIPSIS 1:17-18)

Jesús calma nuestro miedo a la muerte.

- La verdad de que Dios ha ordenado nuestros días ¿cómo puede calmar nuestros miedos sobre la vida y la muerte?

- Observa que una de las primeras cosas que Jesús le dijo a Juan en Apocalipsis fue: «No tengas miedo». ¿Por qué crees que dijo eso, y cómo puede ayudarte escuchar a Jesús decirte esas mismas palabras?

- ¿Cuáles son las consecuencias significativas de aceptar la creencia del salmista de que «Cada día de mi vida estaba registrado en tu libro. Cada momento fue diseñado antes de que un solo día pasara» (Salmo 139:16)?

- ¿Cómo te ayuda a manejar tus tristezas la confianza de que Jesús tiene en su poder las llaves de la vida y de la muerte? ¿Cómo calma tus temores?

CONCLUSIÓN: **Escucha a Jesús diciendo:** *Yo te daré descanso*
(MATEO 11:28)

Jesús nos extiende los brazos.

- ¿Cómo te ayuda no solo oír que Jesús te invita a ir a él, sino también verlo extendiéndote los brazos?

- ¿En qué sentido el sufrimiento y el dolor son una carga pesada y qué significaría saber que Jesús se ofrece a compartir la carga contigo?

- ¿De qué necesitas descanso en tu sufrimiento, y cómo puedes recibir ese descanso viniendo a Jesús?

Acerca de la autora

NANCY GUTHRIE enseña la Biblia tanto en su iglesia —Cornerstone Presbyterian Church en Franklin, Tennessee— como en conferencias alrededor del país y el mundo, incluyendo su Biblical Theology Workshop for Women (taller de teología bíblica para mujeres). Es la autora de varios libros y la anfitriona del pódcast *Help Me Teach the Bible* (Ayúdame a enseñar la Biblia) con la Coalición por el Evangelio. Ella y su esposo fundaron Respite Retreats (retiros de respiro) para parejas que han enfrentado la muerte de un hijo, y son los coanfitriones de la serie de videos GriefShare.

Reconocimientos

Estoy agradecida a *Umbrella Ministries* porque me invitaron a hablar en el retiro anual para mujeres que han perdido hijos, donde di por primera vez el mensaje que sentó las bases de este libro. Recuerdo muy bien estar leyendo la lista de mujeres que participarían del retiro junto con los nombres de sus hijos y las causas de sus muertes. La magnitud de su dolor me dejó sin aire. Y todavía lo hace. Me hizo esforzarme por ofrecer algo que no fuera sentimentalismo liviano, sino una esperanza genuina y una verdad a la que aferrarse, cosa que yo encontré escuchando la voz de Jesús.

Estoy agradecida a Michelle Alm, que continúa inspirándome y desafiándome. Michelle me indicó el camino para escribir este libro y me alentó diciéndome que había algo aquí que valía la pena contar. Gracias a Jan Long Harris por captar la visión, a Stephanie Voiland por ayudar a que esa visión tomara forma y a Nancy Clausen, Yolanda Sidney, y Sharon Leavitt por ayudarla a que tomara vuelo. Gracias al fiel equipo de venta de Tyndale por seguir creyendo en mi ministerio.

Estoy en deuda con el doctor Wilson Benton por hacerme algunas correcciones necesarias y con Randy Alcorn por sus aportes útiles. Este libro también se benefició de las devoluciones de mis amigas Nancy Langham, Karen Anderson, y Stephanie Seefeldt y de mi crítico más valioso y más amable, David Guthrie. Mi nombre puede aparecer en la tapa, pero todo lo que hay aquí es lo que él y yo hemos venido trabajando juntos mientras tratábamos de encontrarle sentido a nuestras pérdidas a la luz de las Escrituras.

Una de las primeras cosas que recuerdo haberle dicho a David cuando nos conocimos fue: «Tienes una voz muy linda», y todavía me gusta escucharla. Es la voz que quiero oír cuando me despierto a la mañana y cuando cierro los ojos para dormir a la noche, solo superada por la voz de Jesús.

Y jamás quiero dejar de escuchar la voz de Jesús cuando habla a mi dolor, por lo menos no hasta aquel día en que no haya más dolor, cuando él seque mis lágrimas definitivamente.

TAMBIÉN DISPONIBLE POR TYNDALE DE LA AUTORA

NANCY GUTHRIE

Incluye un estudio bíblico basado en el libro de Job

AFERRÁNDOSE A LA ESPERANZA

Un camino a través del sufrimiento hacia el corazón de Dios

NANCY GUTHRIE

"Donde algunos ... ven una derrota, Nancy encuentra triunfo."
—Revista *Time*

PREFACIO POR ANNE GRAHAM LOTZ

◇◇◇◇◇◇

Un libro que le ayudará a encontrar la paz y la bondad de
Dios en medio del sufrimiento y el dolor.

Una lectura profunda, enriquecedora y esperanzadora
que fortalecerá el corazón de cada lector.

Disponible en librerías y por Internet

TYNDALE.COM

Tyndale **TYNDALEESPANOL.COM**

CP1642

También disponible por Tyndale de la autora

NANCY GUTHRIE

Es increíble lo pesado que puede sentirse el peso del vacío,
y cuánto espacio puede ocupar en nuestra alma.

Acompañe a Nancy Guthrie a descubrir por qué el vacío
nunca ha sido, y nunca será, un problema para Dios.

Cuando Dios mira en los lugares vacíos de
nuestra vida, Él ve su mayor oportunidad.

DISPONIBLE EN TIENDAS Y EN INTERNET

Tyndale

CP1699